KB003730

1596년 7월 30일부터 11월 23일까지의 사행일기
명나라 冊封使의 陪臣으로서 동행한 副使 朴弘長이 겪은 일 기록
일본 佐賀縣 名護屋城박물관 소장 자료

농아당 박홍장
병신동사록

聾啞堂 朴弘長 丙申東槎錄

원저자 미상·申海鎭 역주

보고사
BOGOSA

머리말

이 책은 농아당(聾啞堂) 박홍장(朴弘長, 1558~15987)이 임진왜란의 와중에 1596년 명나라 책봉사(冊封使) 양방형(楊方亨)과 심유경(沈惟敬)을 동행한 통신부사(通信副使)로서 겪었던 일을 기록한 일기를 번역하였다. 7월 30일부터 11월 23일까지 기록한 것으로서 141일간의 사행 일기이다.

이 일기가 작성된 저간의 사정은 이렇다. 임진왜란 초기에 조선의 육군은 잇달아 패하였으나 수군은 잇달아 승리를 거두었으며, 각지에서 일어난 의병과 명나라 구원군 덕분에 전세가 역전되기 시작하였다. 그러하지만 전란이 점차 소강상태를 유지하자, 일본군이 제안한 강화회담이 이루어지고 있었다. 강화를 교섭하는 과정에서 명나라 황녀를 일본 왕비로 할 것, 조선 8도 가운데 4도를 할양할 것, 조선의 왕자 및 대신 한두 명을 볼모로 보낼 것 등과 같은 풍신수길(豊臣秀吉, 도요토미 히데요시)의 요구안이 있었으나, 심유경과 소서행장(小西行長, 고니시 유키나가)이 봉공안(封貢案)을 추진하였다. 곧 명나라에서 풍신수길을 책봉하여 일본 국왕으로 삼고, 일본의 입공(入貢)을 허락하는 안이었다. 명나라의 조정에서 마침내 이 안을 허락하였으니, 양방형과 심유경을 책봉 정사와 부사로 삼아 풍신수길을 일본 국왕에 봉한다는 책서(冊書)와 금인(金印)을 가지고 일본에 건너가게 하였다. 이때 조선에서는 본의 아니게 명나라의 뜻에 따라 황신과 박홍장(朴弘長, 1558~1598)을 통신(通信) 정사와 부사로 임명하여 명나라의 사신을 따라가게 하였다. 동행하게 한 이면의 목적은 일본의 정세를 파악하여 그들의 재침략 가능성을 탐지하는 것이었다. 그러나 주지하듯, 풍신수길이 명나라의 사신들은 우대하였으나 조선의 사신은 만나지도 않고 냉대하였다. 그는 처음부터 강화할 뜻도 없었거니와 자신들의 야욕이 실현되지 못하자, 조선의 사신들을 돌려보내고 재침략을 도모하였다. 요컨대, 강토 일부가 왜적의 수중에 있는 상황에서 명나라 사신들의 눈치를 살피고 비위를 맞추며 바다를 건너서 일본의 정세를 탐지해와야 했던 상황이 바로 사행 일기가 작성되었던 배경이라 할 수 있다.

바로 이때 일본을 다녀온 통신정사 황신(黃愼)의 활동을 기록한 문헌은 익히 알려져 있지만, 통신부사 박홍장의 활동을 기록한 문헌은 잘 알려지지도 않았을 뿐만 아니라 접근하기도 용이하지 않다. 그의 글들이 개인 문집으로 전하지 않고, 그의 형 박의장(朴毅長) 문집인 《관감록(觀感錄)》의 부록 형태로 전하고 있기 때문이다. 통신부사로서 그의 활동을 기록한 〈동사록(東槎錄)〉은 국내에 있는 《관감록》에 묶여 있지 않고, 오로지 일본 사가현(佐賀縣) 나고야성(名護屋城)박물관에 소장된 초고본(草稿本) 《관감록》에만 수록되어 있기 때문이다.

다행히도 장동익 교수에 의해 『聾啞堂 朴弘長의 生涯와 壬亂救國活動』(경북대학교 퇴계연구소, 2002)이 편저 형태로 발간되어 〈동사록〉의 실체에 접근할 수 있게 되었다. 그러나 이 편저도 비매품이라 쉬 접근할 수 있는 것이 아니다. 그런데 박홍장에 대하여 존재(存齋)

이휘일(李徽逸)이 지은 〈행장(行狀)〉과 학사(鶴沙) 김응조(金應祖)가 찬한 〈묘갈명(墓碣銘)〉이 상기 편저에 활자화된 그것과 서로 부합하지 않은 면이 있어서 확인해야 했다. 그래서 나고야성박물관에 해당 기록물을 열람하고자 신청하였고, PDF로 된 실물을 볼 수 있었다. 이 책에 활자화한 〈동사록〉, 〈행장〉, 〈묘갈명〉은 바로 사가현 나고야성박물관 소장본에 근거한 것이다. 특히, 〈행장〉과 〈묘갈명〉은 초고본, 목판본, 활자화로 간행되는 과정에서 어떤 변개가 이루어졌는지 확인할 수 있도록 하였다. 문헌의 임의 변개는 주목해야 하는 것이지, 외면 내지 묵인을 해서는 아니 될 것이다.

〈행장〉과 〈묘갈명〉에 의하면, 박홍장의 본관은 무안(務安), 자는 사임(士任)이다. 아버지 현감 박세렴(朴世廉)과 어머니 영양 남씨(英陽南氏) 사이의 둘째 아들로 태어났으니, 박의장(朴毅長)의 아우이다. 1580년 무과에 급제하고 아이만호(阿耳萬戶)를 거쳐 선전관과 제주 판관(濟州判官)을 역임하였다. 1592년 임진왜란 때 조방장(助防將)이 되었으나 아버지의 상을 당하여 귀향하였다. 대구부사(大丘府使)로 있을 때 1596년 류성룡(柳成龍)의 추천으로 통신부사(通信副使)가 되어 정사(正使) 황신(黃愼)과 더불어 명나라 책봉사 일행을 따라 일본에 갔다. 당시 풍신수길이 조선 사신들을 냉대하여 국서에 답하지 않았으나, 박홍장은 조금도 굴함이 없이 귀국하였다. 그뒤 순천 부사를 거쳐 상주 목사에 임명되었으나 부임하지 못하고 병사한 인물이다.

통신정사로서 황신이 일본에 다녀온 사행일기를 번역한 『추포 황신 일본왕환일기』(보고사, 2022)와 견주어 볼 때, 여정이 같기도 하나 하루이틀 어긋나기도 한다. 일행이면서도 같은 배를 타고 이동

하지 않았기 때문일지니, 서로 비교해보는 것도 좋을 듯하다. 이러한 여정에서 겪었던 일, 보거나 들었던 일, 사람들을 만난 일 등을 박홍장이 직접 기록한 것은 아니다. 누군지는 알 수 없는 어떤 인물이 박홍장을 사또(使道), 부사(副使), 통신사(通信使) 등으로 표기하면서 주로 통신부사 박홍장의 일정을 중심으로 작성하고 있는바, 통신사 일행 전체에 속하지는 않고 박홍장 또는 그 예하에 속한 인물이 아닌가 추측될 뿐이다. 이는 박호(朴濠, 1624~1699, 박의장의 증손자)의 〈동사록〉 후지가 삽입된 협주에서도 사관(史官)의 임무를 맡은 자가 기록했을 것으로 밝히고 있다.

이 책을 통해 16세기 당시 일본(日本)에서 구류되거나 죽을 수도 있는 위험을 각오하고 자신의 나라를 침입한 적국에 들어가 적정을 탐지하고 외교교섭을 한 인물의 활동상을 살펴보기 바란다.

이 책에서 사용한 문헌을 알아보기 위해 일본 나고야성박물관과 접촉할 때, 전남대학교 대학원 국어국문학과 박사과정생 미즈카이 유카리(水飼由香莉)의 도움을 받았다. 문헌의 이미지를 사용하도록 허락해준 일본 나고야성박물관 담당자의 따뜻한 마음도 받았다. 또한 박의장의 후손 박용대 선생이 베풀어 준 후의도 입었다. 이 자리를 빌려 고마운 마음을 전한다. 끝으로 편집을 맡아 수고해 주신 보고사 가족들의 노고와 따뜻한 마음에 심심한 고마움을 표한다.

2022년 4월 빛고을 용봉골에서
무등산을 바라보며 신해진

차례

부록

참고자료

일러두기

이 책은 다음과 같은 요령으로 엮었다.

01. 번역은 직역을 원칙으로 하되, 가급적 원전의 뜻을 해치지 않는 범위 내에서 호흡을 간결하게 하고, 더러는 의역을 통해 자연스럽게 풀고자 했다. 다음의 자료가 참고되었다.

　　장동익 편저, 『농아당 박홍장의 생애와 임란구국활동』, 경북대학교퇴계연구소, 2002.

　　〈동사록〉의 번역은 국사편찬위원회 홍혁기 사료연구위원이 하였음을 밝힘.

02. 원문은 저본을 충실히 옮기는 것을 위주로 하였으나, 활자로 옮길 수 없는 古體字는 今體字로 바꾸었다. 저본은 일본 名護屋城박물관 소장 《관감록》의 부록이다.

03. 원문표기는 띄어쓰기를 하고 句讀를 달되, 그 구두에는 쉼표(,), 마침표(.), 느낌표(!), 의문표(?), 홑따옴표(' '), 겹따옴표(" "), 가운데점(·) 등을 사용했다.

04. 주석은 원문에 번호를 붙이고 하단에 각주함을 원칙으로 했다. 독자들이 사전을 찾지 않고도 읽을 수 있도록 비교적 상세한 註를 달았다.

05. 주석 작업을 하면서 많은 문헌과 자료들을 참고하였으나 지면 관계상 일일이 밝히지 않음을 양해 바라며, 관계된 기관과 여러분께 진심으로 감사드린다. 무안박씨 인물은 다음의 족보를 참고하였다.

　　『務安朴氏寧海派世譜』(2007년 丁亥譜, 영해파세보편찬위원회, 2007.)

06. 이 책에 사용한 주요 부호는 다음과 같다.

　　1) (　　) : 同音同義 한자를 표기함.
　　2) [　　] : 異音同義, 出典, 교정 등을 표기함.
　　3) "　　" : 직접적인 대화를 나타냄.
　　4) '　　' : 간단한 인용이나 재인용, 또는 강조나 간접화법을 나타냄.
　　5) 〈　　〉: 편명, 작품명, 누락 부분의 보충 등을 나타냄.
　　6) 「　　」: 시, 제문, 서간, 관문, 논문명 등을 나타냄.
　　7) 《　　》: 문집, 작품집 등을 나타냄.
　　8) 『　　』: 단행본, 논문집 등을 나타냄.

07. 〈병신동사록〉과 관련된 연구성과는 다음과 같다.

　　장동익, 「1596년 通信副使 朴弘長의 生涯와 그의 東槎錄」, 『퇴계학과 한국문화』 31, 경북대학교퇴계연구소, 2002.8.

　　정해은 편저, 『임진란기 농아당 박홍장의 구국활동연구』, 사단법인 임진란정신문화선양회, 2020.

병신동사록
丙申東槎錄

평양 (平壤)

한성 (漢城)

부산
(釜山)

우시마도 (牛窓)

아카마가세키(시모노세키)
(赤間關(下關))

쓰시마 (対馬)
이키 (壱岐)
아이노시마
(藍島)

카마가리 (蒲刈)

효고 (兵庫)

코토 (京都)

오오가카 (大垣)
후지산 (富士山)

닛코 (日光)

에도
(江戸)

오다와라 (小田原)

슨푸 (駿府)

나고야 (名古屋)

하코네 (箱根)

무로츠 (室津)

히코네 (彦根)

토모노우라 (鞆浦) 오사카 (大阪)

카미노세키 (上関)

출처: 일본정부관광국(https://www.welcometojapan.or.kr/board/tong/)

1596년

7월 30일. 맑음.

　역관 이유(李愉)·문응추(文應樞)·박대근(朴大根)·김덕원(金德元) 등이 서폐(書幣: 국서와 예물)를 받들고 경주(慶州) 지역 10리밖에 이르러 사또(使道: 박홍장)에게 당상관(堂上官)으로 자급(資級)을 올리는 교지(敎旨)를 먼저 보내어왔으니, 제수받은 후에 장막을 쳤다. 5리 정도 위의(威儀)를 갖추어 나아가 맞이하고 용정(龍亭: 가마)에 봉안해 모시고서 동부(同府: 경주부)에 도착하니, 날이 이미 서쪽으로 기울었다.

　이날 감사(監司: 李用淳)의 하처(下處: 숙소)로 갔고, 일행의 관원과 역도(役徒)는 모두 하직 인사를 하고 물러갔다.

　丙申 七月 三十日。晴。

　譯官李愉[1]·文應樞[2]·朴大根[3]·金德元[4]等, 陪書幣[5], 行到慶州[6]

1　李愉(이유, 생몰년 미상): 본관은 金山, 자는 子和. 1593년 역관으로서 명나라 沈惟敬의 隨行通事가 되어 진주·부산 등지의 적진에 출입하였다. 명나라와 일본 사이에 화평 교섭이 전개되고 있을 때 통신사 黃愼을 수행하여 楊方亨·심유경과 함께 일본에 건너가기도 하였다. 심유경의 통사로 활약하면서도 심유경과 熊正東의 銀의 토색 요구를 거부하여 미움을 받은 일이 있을 정도로 先公後私의 정신이 탁월하였다는 평을 받았다.

2　文應樞(문응추, 생몰년 미상): 조선 중기의 역관. 判官을 지냈다. 임진왜란 때

地十里外, 先送使道[7]堂上加資[8], 肅拜後, 設帳幕。五里程, 威儀
出迎, 奉安龍亭[9], 陪到同府, 日已西矣。是日, 往監司[10]下處[11], 一

강화교섭을 위해 명나라 진영과 일본군 진영 사이의 통역 업무를 담당하였다.
1595년 12월 명나라 장군 沈惟敬이 일본에 대한 명의 冊封使에 조선의 陪臣
2명이 동행할 것을 요청하던 차 일본으로부터 통신사 파견 요청이 그치지 않자,
1596년 8월 講和交涉을 위해 떠난 통신사 일행의 漢學通事로 일본에 다녀왔다.

3 朴大根(박대근, 생몰년 미상): 본관은 務安. 자는 玄久. 1592년 임진왜란 때
敵情을 정찰한 공으로 西部參奉이 되었다. 그 뒤 왕명으로 豊臣秀吉의 사신을
자주 만나 陵을 범한 적을 색출하는 등의 공으로 僉知中樞府事에 특진되었다.
그 뒤 여러 번 사신을 따라 일본에 갔으며, 또 宣慰使를 따라 부산에 가서 포로로
잡힌 남녀 수천 명을 刷還하는 데 힘을 썼다.

4 金德元(김덕원, 생몰년 미상): 조선 중기의 역관. 司猛을 지냈다. 1595년 12월
명나라 장군 沈惟敬이 일본에 대한 명의 冊封使에 조선의 陪臣 2명이 동행할
것을 요청하자, 심유경의 接伴官으로 있던 黃愼이 배신으로 정해졌다. 그 무렵
일본으로부터 통신사 파견 요청이 그치지 않아 1596년 8월 講和交涉을 위해
떠난 통신사 일행의 倭學通事로 일본에 다녀왔다.

5 書幣(서폐): 國書와 幣帛. 사신을 보내어 주고받는 書契와 幣物이다.

6 慶州(경주): 경상북도 남동부에 위치한 고을.

7 使道(사도): 사또의 한자표기. 부하인 將卒이 그 主將을 존대하여 부르던 말.

8 堂上加資(당상가자): 堂上官으로 資級을 올림. 당상관은 문신 정3품 通政大夫,
무신 정3품 折衝將軍 이상의 품계를 가진 자를 일컬으며, 자급은 加資의 등급으
로 벼슬아치의 위계를 이른다. 박홍장은《선조실록》1596년 6월 25일에 의하면
大丘府使, 6월 26일에 의하면 掌樂院正이었는데, 대구부사는 종3품의 관직이
고 장악원정은 정3품 당하관이다. 이때 박홍장의 자급을 通政大夫로 올렸는데,
정3품 문관에게 주던 품계로 당상관의 말미이다.

9 龍亭(용정): 가마의 하나. 임금의 詔書·玉冊·金寶 따위를 옮길 때 사용하던
가마를 이르는 말.

10 監司(감사): 경상도 관찰사 李用淳(1550~1605)을 가리킴. 1596년 2월 19일부
터 1598년 2월 26일까지 부임하였다. 먼저 좌감사였다가 1596년 6월 하나의
道로 합친 경상도의 관찰사를 지냈다. 본관은 全州, 자는 士和. 부친은 李礩이
고, 장인은 安景豪이다. 1579년 식년시에 급제하여 생원이 되고, 1585년 문과에

行員役, 並告辭退。

8월 1일. 맑음.

동트는 무렵에 일어나 동부(同府: 경주부)로부터 30리쯤 떨어진 불연(佛淵: 부처못)에서 말을 멈추고 쉬게 하고는 미리 장막을 설치하였다. 그리고 부백(府伯: 경주 부윤 박의장)이 뒤따라 함께 도착하자, 먼저 조촐한 술자리를 연 다음에 아침밥을 올렸다. 이때 황산찰방(黃山察訪: 李瓚)이 찾아와서 보고는 정오에 절하고 떠났다.

길을 떠나 언양(彦陽)에 왔는데, 성안에 여관(旅館)이 없어 형세상 부득이하게 남천(南川)에서 말을 쉬도록 하였다. 날이 저물고 하늘이 흐려 지척을 분간할 수가 없었던 데다 삼경(三更: 밤 12시 전후)에 이르렀을 때 진영(陣營) 안이 놀라서 떠들썩하였다. 얼마 뒤에 포 쏘는 것이 그쳐서 두루 조사하니, 군관(軍官) 권영종(權永宗)이 호랑이에게 물려가 일제히 함성을 질러서 죽은 시신을 되찾았다고 하여 즉시 관인(官人)을 시켜 그의 의복으로 염(殮)하게 하였고, 언양 현감(彦陽縣監)에게 관문(關文: 공문서)을 보내어 매우 튼튼한 곳에 가매장하고서 그의 집사람을 기다리게 하였다.

급제하였다. 1592년 임진왜란이 일어났을 때 호남의 요충지 나주목사에 임명되었다. 이듬해 도원수 權慄이 충청감사로 전임시킬 것을 천거하였으나 적당한 후임자가 없어서 그자리에 머물러 있다가 1596년 경상감사로 전임되었다. 그 후로 강화부사를 거쳐 1599년 충청감사, 지중추부사를 지냈으며, 1603년 함경북도 병사에 전임되었다.

11 下處(하처): 임시로 머무는 곳. 유숙하는 곳. 묵고 있는 곳.

군사들의 대오를 정돈하고 눈을 붙이지 못하도록 하였지만, 양이
달아난 뒤에 울타리를 고치는 격이니 불러본들 어찌 미치겠는가.

八月 初一日。晴。

黎明起身, 憩馬于同府卅里許佛淵[12], 預設帳幕。而府伯[13]隨尾
偕到, 先行小酌[14], 次進朝飯。是時, 黃山察訪[15]來見焉, 日晌拜別。
行來彦陽[16], 城內無旅館, 勢不獲已, 稅馬南川[17]。日暮天陰, 咫尺
不辨, 更至三鼓[18], 陣中驚撓。俄而, 乃止炮放, 調察[19]則軍官權永
宗, 爲虎所攫, 吶喊[20]追屍, 卽令官人, 歛以其服物, 移文[21]彦陽

---

12 佛淵(불연): 경상북도 경주시 건천읍 신평2리 부처못.

13 府伯(부백): 慶州府尹 朴毅長(1555~1615)을 가리킴. 본관은 務安, 자는 士剛.
   1577년 무과에 급제하였다. 1592년 임진왜란 때 慶州府尹으로서 경상좌도 병마
   절도사 朴晉과 함께 경주 탈환 작전에서 火車인 飛擊震天雷를 사용하여 적군을
   크게 무찔렀다. 그 전공으로 경상좌도 병마절도사에 승진하였으나 재임 중에
   임지에서 61살로 죽었다.

14 小酌(소작): 조촐한 술자리.

15 黃山察訪(황산찰방): 黃山驛 찰방 李瓚(생몰년 미상)을 가리킴. 황산역은 조선
   시대 경상남도 양산 지역에 설치된 교통 통신 기관으로, 양산을 중심으로 밀양
   ·기장·언양~경주·울산·동래 방면의 驛路를 관할하였다. 찰방 이찬은 淸虛齋
   孫曄의 〈龍蛇日記〉에서 확인되나 구체적인 인적 정보가 확인되지 않는다.

16 彦陽(언양): 울산광역시 울주군에 있는 고을. 동쪽은 凡西邑, 서쪽은 上北面,
   북쪽은 斗東面·斗西面, 남쪽은 三南面과 접한다.

17 南川(남천): 언양읍 남쪽으로 1리에 있는 개울. 물의 근원은 石南山에서 나와서
   蔚山郡 大和津으로 흘러 들어간다.

18 三鼓(삼고): 三更. 밤 11시부터 새벽 1시 사이이다.

19 調察(조찰): 빠짐없이 고루 살펴 봄.

20 吶喊(납함): 여러 사람이 일제히 함성을 지름.

21 移文(이문): 관아 사이에 주고받던 공문.

倅²², 使之完實藁葬²³, 以待其家人。整勅軍伍, 俾不交睫, 然亡羊
補牢²⁴, 呼何及矣?

8월 2일。 아침에 흐렸다가 저녁에 비가 내림。

아침에 출발하여 양산(梁山) 지역의 구지상(狗地上)에서 멈추고
아침밥을 먹는데, 상사(上使: 正使 黃愼)의 군관이 안부를 물었다.
한낮에 말을 몰아 떠났는데, 산속에서 만난 비가 주룩주룩 내려
길이 질퍽거려서 지나는 길에 양산에 들렀다.【이하 결락.】

二日。朝陰暮雨。

朝發, 止于梁山²⁵地狗地上, 朝飯, 上使²⁶軍官問安。日午起

---

22 彦陽倅(언양쉬): 金昕(1558~1629)인 듯. 본관은 義城. 자는 叔昇, 호는 鶴山.
   전라북도 부안에서 태어났다. 아버지는 의병장 鰲峰 金齊閔이다. 1592년 임진
   왜란이 일어나자 형 金曄, 동생 金昷과 함께 아버지 김제민을 따라 웅치전투[전
   라북도 진안]에 참전하였다. 1596년 언양현감에 제수되었다. 또한 울산에 가토
   기요마사[加藤淸正] 부대의 남은 적들이 출몰하자 명나라 장수 馬貴·楊鎬와
   함께 이들을 격퇴하였으며, 김응서와 더불어 도산성전투에 참전하여 대승을 거
   두는 데 공헌하였다. 이후 인조반정에 참여하였다.
23 藁葬(고장): 시체를 짚이나 거적에 싸서 장사 지냄.
24 亡羊補牢(망양보뢰): 양이 달아난 뒤에 울타리를 고친다는 뜻. 이미 일을 그르
   친 뒤에는 뉘우쳐도 소용이 없음을 이르는 말이다.
25 梁山(양산): 경상남도 동북부에 있는 고을. 부산광역시의 북쪽에 위치하며, 남
   동쪽으로 洛東江을 경계로 하여 김해시와 마주 보고 있으며 동북쪽으로 울산광
   역시와 접하고 있다.
26 上使(상사): 正使 黃愼(1560~1617)을 가리킴. 본관은 昌原, 자는 思叔, 호는
   秋浦. 1588년 문과에 장원 급제하였다. 사헌부 감찰, 음죽 현감, 호조 좌랑, 병
   조 좌랑, 사간원 정언을 역임하였고, 1589년 鄭汝의 옥사에 대해 논박했다가
   고산 현감으로 좌천했다. 1591년 왕세자 책봉을 건의하였다가 벼슬을 강등당

馬²⁷, 山雨淋淋, 道路泥濘²⁸, 歷入梁山。【此下缺.】

8월 3일。 맑았다가 흐림。

아침에 40여 리를 가다가 잠시 쉬면서 인마(人馬)를 정돈하였다.
【결락】 기울거나 무너져 있었고 벼와 기장이 축 늘어져 있었는데,
어린아이와 백발의 노인들이 길에 나와 맞이하면서 눈물을 흘리며
울었다.

말에게 여물을 먹이고 점심밥이 끝나자, 사또(使道: 박홍장)가 조
복(朝服)을 입고 말에 올라 용정(龍亭: 書幣를 실은 가마)을 모셨다.
앞으로 5리 정도 가자, 상사(上使: 正使 黃愼)가 장막을 치고 있다가
서폐(書幣)를 맞이하였다. 행차를 맞이하려고 평조신(平調信)도 도
당 30여 명을 거느리고 5리를 나와 맞이하였다. 사또(使道)가 말에
서 내려 읍(揖)하고 만났다.

이때 가랑비가 부슬부슬 내려 일행이 우산을 받쳐 들었는데, 나
쁜 무리가 노소를 막론하여 저자의 문을 닫고 다투어 나와 보았다.

한 鄭澈의 일파로 몰려 파직되었다. 1592년 다시 기용되어 세자시강원 사서,
병조 좌랑, 사간원 정언, 사헌부 지평을 역임하였다. 1594년 명나라 장수 沈惟敬
의 접반사로 부산에 머물렀고, 강화 회담을 위해 일본에 가는 심유경·楊邦亨
일행을 따라 통신사로서 일본에 다녀왔다. 1602년 鄭仁弘의 탄핵으로 삭탈관직
되었으나 1605년 임진왜란 때의 공을 인정받아 扈聖宣武原從功臣에 책록되었
다. 1609년 陳奏副使로 명나라에 다녀온 이후 호조 참판, 공조 판서·호조 판서
를 역임하였다. 1613년 계축옥사 때 옹진에 유배되어 1617년 세상을 떠났다.
27 起馬(기마): 啓程動身. 출발함.
28 泥濘(이녕): 땅이 질어서 질퍽질퍽하게 된 곳. 진창.

오히려 뒤떨어져 미치지 못할까 두려워하여 상사(上使)의 하처(下處: 숙소)에 멈추고 서폐를 봉안하였으나, 평조신은 배 띄우기를 독촉하였다.

　　三日。晴陰。

　　朝行四十餘里, 少憩, 整勅人馬。【缺】頹圯, 禾黍離離[29] 垂髫[30]戴白[31], 迎路涕泣。秣馬[32]飯訖, 使道朝服, 上馬陪龍亭。前程五里, 上使設帳幕, 迎書幣。迎行平調信[33], 率徒三十餘人, 出迎五里。使道下馬揖見。是時, 細雨霏霏, 行擎雨傘, 髦醜老幼 罷市[34]爭觀。猶恐不及, 止于上使下處, 奉安書幣, 而調信督促下海[35]。

8월 4일。맑음。

　　하급 관리들의 짐꾸러미를 배 위에 먼저 싣고 나서 이후에 서폐(書幣)를 모셨다. 봉안이 끝나자, 사또(使道: 박홍장)가 상사(上使: 황신)와 동행하여 곧장 진 유격(陳遊擊: 陳雲鴻)의 아문(衙門)에 나아가

29　離離(이이): 무성함. 울창함. 우거짐.

30　垂髫(수초): 童子를 달리 이르는 말.

31　戴白(대백): 머리에 흰 머리털이 많이 난 노인.

32　秣馬(말마): 말에게 먹이를 주는 일.

33　平調信(평조신): 다이라 시게노부. 柳川調信. 對馬島主 宗義智의 家臣. 豊臣秀吉 때부터 德川幕府 초까지 아들 柳川智永·손자 柳川調興 3대가 조선과 일본의 강화회담 및 외교 사무를 담당하였다.

34　罷市(파시): 저자의 상인이 다 가게를 닫고 물건 파는 것을 중지하는 일. 중국 晉나라의 良好가 荊州都督)로 재임) 중 죽자, 백성이 그를 추모하여 저자를 열지 않았다는 고사에서 유래한다.

35　下海(하해): 배를 띄움. 바다에 나감.

작별 인사를 하고 돌아왔다.

　해가 질 무렵에 상사가 찾아왔는데, 사또가 마주하여 이야기를 나누었다. 얼마 지난 뒤에 상사와 같이 배를 출발하였다. 이때 박 직장(朴直長)·남 주부(南主簿)·박 선전관(朴宣傳官)이 경주(慶州)로부터 뒤따라왔다가 해안에서 작별 인사를 하였다. 상사의 배 3척, 사또의 배 3척, 평조신의 배 2척이 한꺼번에 노를 저어 절영도(絶影島)로 옮겨 정박하였다.

　이날 장계(狀啓)를 봉하여 올렸다.

　四日。晴。

　先般下[36]行李于船上, 後陪書幣。奉安訖, 使道同上使, 卽詣陳遊擊[37]衙門, 辭拜而還。日夕, 上使來見, 使道對話。俄而, 同上使發船。是時, 朴直長·南主簿·朴宣傳官, 自慶州跟來, 拜別海岸。上使船三隻, 使道船三隻, 調信船二隻, 一時搖櫓, 移泊絶影島[38]。是日, 封狀啓[39]。

36　般下(반하): 班下. 양반의 집 하인이라는 뜻이나, 여기서는 하급 관료를 의미한다.
37　陳游擊(진유격): 명나라 장수 陳雲鴻을 가리킴. 임진왜란과 정유재란 때 조선의 원군으로서 참전하고, 일본의 장수 小西行長과 직접 만나 회담을 하였다. 왜군의 조기 철군을 독촉하기 위해 파견한 유격장이었다.
38　絶影島(절영도): 釜山灣 안에 북서로부터 남동의 방향으로 가로놓여, 灣 안을 동항과 서항으로 가르는 섬.
39　狀啓(장계): 벼슬아치가 임금의 명을 받들고 지방에 나가 민정을 살핀 결과를 글로 써서 올리던 보고.

8월 5일. 아침에 맑다가 낮에 비가 내림.

바람이 순하고 파도가 잠잠해서 날이 밝을 무렵에 배를 출발하였
는데, 대양(大洋) 가운데에 이르러 구름과 안개가 자욱하여 어두컴
컴한 데다 비바람이 거세게 일어 파도가 사납고 세차서 노와 돛대가
제멋대로 휩쓸려 안정시키지 못하니, 몰운대(沒雲臺) 앞에서 멀리
대마도(對馬島)를 바라보나 당도할 계책이 없었다. 하는 수 없이 절
영도(絕影島)의 어귀로 되돌아와 정박하였는데, 배 안에 있던 사람
들이 구토하고 설사하여 쓰러지지 않는 자가 없었다.

조금 뒤에 구름이 걷히고 비가 개었는데, 해는 서쪽 하늘에 걸려
있었다. 저녁 식사를 마칠 무렵에 이르러 하늘이 맑고 공기가 깨끗
한데다 별들이 불빛처럼 반짝거리자 그리움에 감정이 복받치는 가
운데 피리 소리와 노랫가락으로 그나마 스스로 달랬다.

　五日。朝晴午雨。

　風順波恬, 天明發船, 及至中洋, 雲霧晦冥, 風雨暴作, 驚波怒
濤, 檣楫莫定橫流, 沒雲臺[40]前, 遙望對馬島[41], 計無及至矣。不得
已回泊絕影口, 舟中之人, 無不嘔洩顚仆矣。俄頃, 雲收雨齊, 日
懸兩竿[42]。及訖夕食, 天朗氣澄, 星爛如燈, 懷思感激之中, 遂聲

---

40 沒雲臺(몰운대): 부산광역시 사하구 다대동에 있는 명승지. 낙동강 하구에 안개
　　와 구름이 끼는 날에는 섬 전체가 안개와 구름 속에 잠겨 보이지 않는다는 데서
　　유래하였다.
41 對馬島(대마도): 쓰시마섬. 일본 나가사키현에 딸린 섬이다.
42 兩竿(양간): 兩竿落日. 해가 지려면 아직도 두 장대만큼 거리가 남았다는 의미.
　　곧 해가 서쪽 하늘에 걸려 있다는 말이다.

歌音, 聊以自慰。

8월 6일。 맑았다가 흐림。

바람의 세기가 순하지 않아 그대로 절영도(絶影島)에 머물렀다.
장계(狀啓)를 봉하여 내보냈다.【결락】

六日。晴陰。

風勢不順, 仍泊絶影島。封狀啓, 出送。【缺】

8월 7일。 흐렸다가 비가 내림。

역풍이 연이어 불었고 파도가 짓찧어 부딪치는 데다 가랑비까지
흩뿌리니, 배를 띄우기가 실로 어려워 그대로 정박해 있으면서 바
람이 잦아지기를 기다렸다.

평조신(平調信)이 음식 및 술과 안주를 보내주었다.

七日。陰雨。

逆風連吹, 濤浪舂撞, 烟雨飄灑, 縱舟實難, 仍泊待風焉。調信,
飯膳酒肴送呈。

8월 8일。 흐림。

진시(辰時: 아침 8시 전후)에 바람이 순하여 돛을 달고 배를 출발하
였는데, 날이 저물어서야 곧장 대마도(對馬島)의 서포(西浦: 西泊, 니
시도마리)에 닿아 배의 닻줄을 매어놓고서 밤을 지내게 되었다. 상사
(上使: 황신)는 배에서 내려 서복사(西福寺)에서 묵었다. 이날 밤에
평조신(平調信)이 물고기와 나물을 보내왔다.

수십 채의 쇠락한 집들이 섬들 사이에 잇대어 있었는데, 추하고 기괴한 모양은 눈 뜨고 차마 똑바로 볼 수가 없었다. 절영도(絶影島)에서 서포까지는 뱃길로 약 500리이다.

八日。陰。

辰時[43]風順, 掛帆行舟, 日夕直抵對馬西浦[44], 繫纜經夜。上使下船, 宿于西福寺[45]。是昏, 調信送餽魚菜。數十殘戶, 倚於島嶼之間, 而醜貌詭狀, 目不忍正視矣。自絶影至西浦, 水路約五百里。

8월 9일。 비。

날이 저물자 상사(上使: 황신)가 작은 배를 타고 찾아와 보았다. 이날 바람이 몹시 심하여 그대로 머물렀다.

九日。雨。

日晚, 上使以短艇來見。是日, 風亂仍泊。

8월 10일。 맑음。

아침 햇살이 비칠 무렵에야 순풍을 만나 배를 출발하였으니, 파도가 하늘에 닿는 듯했고 고향의 산천은 아득하였다. 저물녘이 되어서 대마도(對馬島)의 부중(府中: 후추, 현재의 이즈하라)에 도착하였다.

---

43 辰時(진시): 오전 7시에서 9시 사이를 이름.

44 西浦(서포): 西泊[니시도마리]. 對馬島의 북쪽 관문인 比田勝[히타카쓰] 바로 동쪽에 붙어 있는 포구마을.

45 西福寺(서복사): 조선의 통신사행이 통상 머물던 곳. 고려의 불화 觀經序分變相圖 등을 소장하고 있다.

섬 어귀를 둘러싼 인가(人家)들은 무너지고 파괴되어 많지 않았고, 객관(客館)은 정교하고 화려했으나 완전하지는 않았으며, 담과 벽은 흰색으로 칠했고 나무판자로 지붕을 덮었다.

우리나라에서 협박을 당하여 포로가 된 남녀가 앞다투어 맞이하며 눈물을 흘렸고, 왜인 100여 명이 미리 말에 안장을 정돈하여 해안에서 맞이하였다. 사또(使道: 박홍장)가 상사(上使: 황신)와 함께 말에 올라 곧장 상사의 하처(下處: 숙소)에 도착하자 자리를 아직 정하지도 않았는데 평조신(平調信)이 들어와 뵙고 물러갔다. 얼마 지난 뒤에 왜인들이 다례(茶禮: 접대) 베풀기를 마치고 관소(館所)로 되돌아갔다.

심 유격(沈遊擊: 沈惟敬)의 부하인 중군(中軍) 이대간(李大諫)도 고칙(誥勅: 황제의 誥命과 勅書)을 받들어 이 섬에 머무르며 기다리고 있었다. 이날 밤에 사또는 정사(正使)와 함께 가서 인사하였다.

척박한 산전(山田: 산에 있는 밭) 외에는 몇 이랑의 논도 없는데, 일행의 원역(員役: 관원과 일꾼)에게 번갈아 술과 음식을 바치는 것이 정갈하였으며, 격군(格軍: 뱃사공)들에게까지 녹료(祿料: 월급)를 나누어 주었다.

서포(西浦: 西泊, 니시도마리)에서 부중(府中)까지는 뱃길로 200리인데, 부중은 바로 도주(島主: 대마도주)가 사는 곳이었다.

十日。晴。

朝曦[46]初旭, 遇風發船, 波浪接天, 家山杳然。向夕, 到對馬府中[47]。島口回抱人家, 殘破而不多, 客館精麗而不完, 墻壁塗白, 木板盖屋矣。我國被脅男婦, 爭迎涕泣, 而染齒[48]百餘, 預整鞍馬, 迎

于海岸。使道, 偕上使上馬, 直詣上使下處, 坐未定, 調信入謁而
退。俄而, 倭子進訖茶禮, 還于館所⁴⁹。沈遊擊⁵⁰標下⁵¹李中軍⁵², 陪

---

46 朝暾(조돈): 아침에 떠오르는 해.

47 府中(부중): 후추. 현재의 이즈하라[嚴原].

48 染齒(염치): 이를 물들임. 왜인의 풍속이 치아를 검게 물들인 데서 온 말로, 여기
　　서는 왜인을 가리킨다.

49 館所(관소): 외국 사신을 머물러 묵게 하는 집.

50 沈遊擊(심유격): 遊擊 沈惟敬을 가리킴. 임진왜란이 발생했을 때 조선·일본·
　　명 3국 사이에 강화회담을 맡아 진행하면서 농간을 부림으로써 결국 정유재란을
　　초래했다. 1592년 임진왜란이 발생했을 때 명나라의 병부상서 石星에 의해 遊擊
　　將軍으로 발탁되어 遼陽副摠兵 祖承訓이 이끄는 援軍 부대와 함께 조선에 왔
　　다. 1592년 8월 명나라군이 평양에서 일본군에게 패하자, 일본장수 고니시 유키
　　나가[小西行長]와 강화 회담을 교섭한 뒤 쌍방이 논의한 강화조항을 가지고 명
　　나라로 갔다가 돌아오기로 약속했다. 그러던 중 1593년 1월 명나라 장수 李如松
　　이 평양에서 일본군을 물리치자 화약은 파기되었다. 하지만 곧 이어 명군이 벽제
　　관전투에서 일본군에게 패하게 되면서 명나라가 다시 강화 회담을 시도함에 따
　　라 심유경은 일본진영에 파견되었다. 이후 그는 명과 일본 간의 강화 회담을
　　5년간이나 진행하게 되었다. 그는 고니시와 의견 절충 끝에 나고야[名護屋]에서
　　도요토미 히데요시[豊臣秀吉]를 만났는데, 도요토미는 명나라에 대해 명나라의
　　황녀를 일본의 후비로 보낼 것, 명이 일본과의 무역을 재개할 것, 조선 8도 중
　　4도를 할양할 것, 조선왕자 및 대신 12명을 인질로 삼게 할 것 등을 요구했다.
　　이에 심유경은 이러한 요구가 명나라에서 받아들여지지 않을 것으로 생각하고,
　　일본의 요구 조건을 거짓으로 보고했다. 즉 도요토미를 일본의 왕으로 책봉해
　　줄 것과, 명에 대한 朝貢을 허락해 줄 것을 일본이 요구했다고 본국에 보고했다.
　　명나라는 이를 허락한다는 칙서를 보냈으나 두 나라의 요구 조건이 상반되자
　　강화 회담은 결렬되었고, 결국 일본의 재침입으로 1597년 정유재란이 발생했다.
　　그의 거짓 보고는 정유재란으로 사실이 탄로되었으나 石星의 도움으로 화를 입
　　지 않고 다시 조선에 들어와 화의를 교섭하다가 실패하였다. 이에 심유경은 일본
　　에 항복할 목적으로 경상도 宜寧까지 갔으나 명나라 장수 楊元에게 체포되어
　　사형당하였다.

51 標下(표하): 手下. 수족처럼 쓰는 부하.

誥勅, 留待此島矣。是昏使道, 偕正使往拜焉。薄瘠山田外, 無水田[53]數項, 而一行員役, 輪供酒飯, 極盡精潔, 格軍則散料[54]矣。自西浦至府中, 水路二百里, 府中者, 乃島主所居之處也。

8월 11일。 맑음。

바람의 세기가 순하지 않아서 그대로 머무르자, 도주(島主) 평의지(平義智)의 아내가 생선과 술을 보내왔는데, 【결락】 답례하였다. 이날 밤에 장계(狀啓)를 봉하여 상사(上使: 황신)에게 【결락】

十一日。晴。

風勢不順仍留, 島主義智[55]妻, 送饋魚酒, 回以【缺】。是夜, 封狀啓, 令上使【缺】

8월 12일。 맑음。

바람이 몹시 세차서 그대로 머물렀다. 【결락】 위군(位郡: 仁位鄕의

---

52 李中軍(이중군): 中軍 李大諫을 가리킴. 호는 北泉. 절강 嘉興府 秀水縣 사람. 임진년에 守備로 출병하여 오래도록 義州에 주둔하였으며, 정유년에 재차 출병하였다. 왜군에 대한 책략을 담당하였으며, 명나라와 조선과의 연락도 參將 胡澤을 도와서 맡았다.

53 水田(수전): 논. 물을 채우고 벼를 재배하는 땅.

54 散料(산료): 네 계절로 나누어 주던 녹봉을 다달이 주던 일. 곧 월급으로 주던 일이다.

55 義智(의지): 平義智. 소 요시토시. 일본 쓰시마 섬(對馬島) 島主. 1579년 형 소 요시준(宗義純)으로부터 도주 자리를 물려받았다. 그는 5,000명을 동원하여 고니시 유키나가(小西行長)의 1번대에 배속되었다. 전투뿐만 아니라 유키나가와 함께 일본측의 외교를 맡아서 강화를 모색하기도 하였다.

오기)·여랑군(與良郡: 與良鄕의 오기)·
의수군(依須郡: 佐須鄕의 오기)·두두
군(酘豆郡: 豆酘鄕의 오기) 등 이상 8군
(郡: 鄕의 오기)에서 각각 물고기와 술
을 갖추어 가지고 왔다.

　8군(郡) 가운데 1군은 우리나라에
견주면 촌락 하나로서 거주자가 20
여 호도 채우지 못했다. 남북으로는
넓고 길며 동서로는 좁고 작았다. 돈
과 곡식이 넉넉하지 못하고 사람도

일본의 풍속

많지 않았다. 이곳은 관방(關防: 요새지)이나 거진(巨鎭)이 아니고 단
지 강토(疆土: 국경 안의 땅)를 지키는 곳인데, 풍토가 야박하고 험악
하였다. 풍속은 토란 심기를 좋아하였고, 얼룩무늬 옷 입기를 좋아
하였으며, 대소도(大小刀: 日本刀) 차는 것을 자랑으로 여겼으며, 불
법(佛法)을 높이 받들어서 유교의 교화가 행해지지 않아 명분(名分:
도리나 분수)이 문란하였다. 또 산비탈에 땅을 일구었으나 농사가 흉
년이 들었으니, 단지 논이 3, 4포(包)가량 있을 뿐이고 1포에서 거두
어들이는 것은 6, 7석(石)에 불과하다고 하였다. 이 때문에 섬사람
들은 일정한 생업과 마음을 가질 수가 없었으니, 오로지 장사를 생
업으로 삼았고 고기잡이로 생계를 삼았으며 도적질을 일삼았으니
그로 인하여 곤궁하고 피폐한 모습을 이루 다 기록하기가 어렵다.
대개 8군(郡) 사이의 거리를 미처 직접 보지 못했을 뿐만 아니라 또
한 알려주는 자도 없었으므로 상세히 기록할 수는 없다.

부중(府中: 후추, 현재의 이즈하라)의 주위는 겨우 6, 7리라고 하였다.

十二日。晴。

風亂仍留。【缺】位⁵⁶郡・與良⁵⁷郡・依須⁵⁸郡・酘豆⁵⁹郡, 右八郡⁶⁰, 各備魚酒, 來餉焉。八郡中一郡, 比於我國, 則僅一村落, 而居不滿二十餘戶。南北濶遠, 東西狹小。錢穀不敷, 人物不衆。此非關防⁶¹巨鎭, 徒守疆土, 風土薄惡。俗好種蹲鴟⁶², 好服班衣⁶³, 尙佩大小刀, 崇奉佛法, 儒敎不行, 名分紊亂矣。且闢田山崖, 禾穀不稔, 只有水田三四包量, 而一包所收, 不過六七石云。是故島民, 無恒産恒心⁶⁴, 專以商販⁶⁵爲業, 漁採⁶⁶爲生, 盜掠爲事, 其困獘之

---

56 位(위): 니이[仁位]인 듯. 上縣郡의 河口에 위치.

57 與良(여랑): 요라. 현재의 이즈하라[嚴原]. 섬 동남부에 위치한 대마도의 중심지이다.

58 依須(의수): 사스[佐須]의 오기. 대마도의 북서쪽 해안에 있는 포구.

59 酘豆(두두): 쓰쓰[豆酘]의 오기. 현재 嚴原町.

60 八郡(팔군): 八鄕의 오기. 대마도는 2군8鄕으로 된바, 2군은 가미아가타군[上縣郡], 시모아가타군[下縣郡]이고, 8고는 쓰쓰고[豆酘鄕], 사스고[佐須鄕], 요라고[與良鄕], 니이고[仁位鄕], 미네고[三根鄕], 이나고[伊奈鄕], 사고고[佐護鄕], 도요사키고[豊崎鄕]이다. 鄕은 우리나라의 面에 해당하는 듯.

61 關防(관방): 변방의 방비를 위하여 설치한 要塞.

62 蹲鴟(준치): 토란의 다른 이름. 그 모양이 마치 올빼미가 웅크린 것과 같다 하여 붙여진 이름이다.

63 班衣(반의): 색동옷. 여러 가지 빛깔의 옷감을 모아서 지은 옷이다.

64 恒産恒心(항산항심): 항산이 있어야 항심이 있음. 항산은 살아갈 수 있는 일정한 재산이나 생업이고, 항심은 늘 일정 불변한 마음이다.

65 商販(상판): 장사를 함.

66 漁採(어채): 낚시나 그물 따위로 물고기를 잡음.

狀, 難以悉記。盖八郡, 道里相距,旣未目擊, 又無指諗者, 故莫得
以詳錄焉。府中周回, 僅六七里云矣。

8월 13일。흐리다가 비가 내림。

바람이 몹시 거세어서 그대로 머물렀다. 부중(府中: 후추, 현재의
이즈하라)에서 새로이 청도기(淸道旗)·영기(令旗)·형명기(形名旗) 등
의 깃발을 만들었다. 부중의 북쪽에는 복리사(福利寺)가 있는데, 사
찰에 있는 승려가 3, 4명이었으며, 대나무 대롱으로 샘물을 끌어와
옥상에 흘러내리게 하였으며, 사찰 북쪽에는 또 늙은 원숭이가 있
어서 장송(長松)에 걸터앉아 송라(松蘿: 소나무겨우살이)를 딴다고 하
였다. 부중의 남쪽에는 경운사(慶雲寺: 케이운지)가 있다.

十三日。陰雨。

風亂仍留。 府中新造淸道[67]·令[68]·形名[69]等旗焉。 府北有福利

---

67 淸道(청도): 淸道旗. 조선 시대의 군기. 행군할 때 앞에서 길을 치우는 2개의
　　사각형의 깃발로, 청색 바탕에 붉은색으로 '淸道'라고 새긴 字紋을 붙였다.

68 令(영): 令旗. 조선 시대의 군기. 원명은 令字旗. 兵曹에서 제정하여 陣中에서
　　軍令을 전할 때 쓰던 것으로, 청색 삼각형의 깃발에 붉은빛의 '令'자를 새겨 붙인
　　것과, 赤色 사각형의 깃발에 검은색의 '令'자를 새겨 붙인 것이 있다.

69 形名(형명): 形名旗. 조선 왕권의 상징인 龍이 그려져 있는 깃발. 形名旗纛이라
　　고도 한다. 形名의 形은 깃발을, 名은 징이나 북을 뜻한다. 사행 때에 북을 울리
　　면서 旗幅을 이용하여 사행단의 여러 가지 행동을 호령하며 신호를 보냈다. 형
　　명기를 받들고 가는 사람을 形名旗手라고 하며, 일본에서 통신사절단을 구분하
　　는 등급 가운데 中官에 속한다. 통신사행 때 대개 正使와 副使가 각각 1명씩
　　거느렸다. 형명기는 淸道旗·纛旗·巡視旗 등과 함께 통신사행 때의 京外路需
　　품목에 포함되어 있고, 각 道에 卜定하여 거두어들였다.

寺[70], 居僧三四, 以竹筧取泉, 注於屋上, 寺北又有老狙, 跨長松[71]
而摘蘿云矣。府南有慶雲寺[72]。

8월 14일. 흐리다가 비가 내림.

바람이 몹시 거세어서 그대로 머물렀다. 평조신(平調信)이 소, 돼
지, 양 1마리씩 잡아 보내왔다. 이날 장계(狀啓)를 봉하여 올렸다.

저물녘에 사물을 보고서 그리운 회포가 일어나니, 가을비 내리는
외로운 창가에서 벌레 소리가 시름을 일으키고, 바람이 지붕의 모
서리에서 울어 객지의 꿈자리가 좋지 못하였다.

十四日。陰雨。

風亂仍留。調信餽以太牢[73]。是日, 封狀啓。及昏, 有興懷感物
之思, '秋雨孤摠, 虫聲引愁, 風鳴屋角, 客夢難圓.'矣。

8월 15일. 아침에 맑았다가 저물녘에 비가 내림.

바람이 몹시 거세어서 그대로 머물렀다. 이날 상사(上使: 황신)가
중군(中軍) 이대간(李大諫)에게 공관(公館)을 양보하고 사또(使道: 박
홍장)의 하처(下處: 임시숙소)로 옮기자, 사또 또한 자리를 동편으로
옮겼다.

---

70 福利寺(복리사): 府中 북쪽의 福利山에 있는 사찰.
71 長松(장송): 헌출하게 자란 큰 소나무.
72 慶雲寺(경운사): 케이운지. 일본 長崎縣 對馬市 嚴原町 久田道에 있는 사찰.
73 太牢(태뢰): 소, 돼지, 양 각각 1마리씩을 잡아 접대하는 것.

이날 저녁에 중군이 경운사(慶雲寺: 케이운지)에 머물면서 사또를 초청하자, 정사(正使: 황신)와 함께 가서 인사하고 단란한 술자리를 나누다가 파하였다. 남만국(南蠻國) 사람들로 포로가 되어 와서 사는 자들이 또한 많다고 하였다. 승려들은 단지 등불을 밝히고 새로 깨끗이 치울 따름이었다.

이날은 추석이라 사또가 약간의 생선과 고기를 상사와 같이 중군 이대간에게 예물로 보냈다.

十五日。朝晴暮雨。

風亂仍留。是日, 上使讓李中軍公館, 移于使道下處, 使道亦移席東偏。是夕, 中軍舍于慶雲寺, 邀請使道, 偕正使往拜, 杯酒團欒而罷。南蠻國人, 被俘來居者, 亦多云。僧人則只供燈燭, 修掃而已。是日, 秋月也, 使道以若于魚肉, 同上使, 送禮于李中軍。

8월 16일。 잠깐 맑았다가 잠깐 비가 내림.

바람이 몹시 거세어서 그대로 머물렀다. 날이 저물자 정사(正使: 황신)가 평상복 차림으로 사또(使道: 박홍장)를 찾아와 만났다.

이날 중군(中軍) 이대간(李大諫)이 흉배(胸背: 장식품) 1쌍과 당선(唐扇: 중국 부채) 2자루를 예물로 보내오자, 곧바로 오색 예물로 답례하였다.

十六日。乍晴乍雨。

風亂仍留。日晩, 正使以常服, 來見使道。是日, 李中軍以胸背[74]一隻·唐扇[75]二把送禮, 卽回以五色禮物。

8월 17일. 아침에 맑았다가 저녁에 비가 내림.

바람이 몹시 거세어서 그대로 머물렀다.

十七日。朝晴夕雨。

風亂仍留。

8월 18일. 바람이 불며 흐림.

진시 초(辰時初: 아침 7시경)에 배를 출발하여 미처 10리를 가지 못하고 바람과 파도가 매우 세찼는데, 앞으로 나아가자니 돛대가 기울어지고 삿대가 꺾이려 했으며, 뒤로 돌아가자니 역풍이 불어 돌릴 수가 없어서, 20리쯤 마구 휩쓸려가다가 한 섬의 어귀에 닿으니 내포(內浦)라고 불렀다. 인가가 많지 않았고 포구의 마을에 논 4섬지기가 있는데, 벼의 이삭이 무성하게 패였다. 곁에 있던 사람이 이르기를, "이는 조선에서 포로가 되어 온 사람이 땅을 새로이 일구어 경작한 것이다."라고 하였다.

이날 저녁에 상사(上使: 황신)와 부사(副使: 박홍장)가 배에서 내려 감로사(甘露寺)에서 묵었다.

十八日。風陰。

辰初[76]發舡, 行未十里, 風浪甚急, 欲前則檣傾楫推, 欲還則風逆莫旋, 橫流二十里許, 得一島口, 名日內浦[77]。人家不多, 浦洞

---

74 胸背(흉배): 官服의 가슴과 등쪽에 수놓은 헝겊의 조각으로 붙이던 標章.

75 唐扇(당선): 중국에서 만든 부채.

76 辰初(진초): 辰時(오전 7시부터 9시 사이) 초. 곧 7시경이다.

有水田四石量, 禾盛發穗。傍有人云:"此朝鮮被俘人, 新所墾耕
也."日夕, 上副使下舍甘露寺[78]。

8월 19일。흐림。

바람이 몹시 거세어서 그대로 머물렀다.

十九日。陰。

風亂仍留。

8월 20일。맑음。

바람이 몹시 거세어서 그대로 머물렀다.

二十日。晴。

風亂仍留。

8월 21일。맑음。

바람이 몹시 거세어서 그대로 머물렀다.

二十日。晴。

風亂仍留。

8월 22일。맑음。

바람이 몹시 거세어서 그대로 머물렀다.

77　內浦(내포): 對馬島 府中浦(지금의 이즈하라항)에서 20여 리 떨어진 포구.

78　甘露寺(감로사): 長崎縣 對馬市 嚴原町 與良內院 261.

二十日。晴。

風亂仍留。

8월 23일。맑음。

닭이 울 무렵 배를 띄워 노질을 하니, 안개가 구름처럼 끼었다 걷혔다 하고 풍랑이 공중에 흩어지는 데도 나아가 15리쯤에 이르러 배를 화어빈(和語濱)에 머무르게 하였다가 저녁이 되어서야 부중(府中: 후추, 현재의 이즈하라)에 도착하였다. 상사(上使: 황신)와 부사(副使: 박홍장)가 같이 서산사(西山寺: 세이잔지)에서 묵게 되자, 평조신(平調信)이 술과 생선을 보내왔다.

二十三日。晴。

鷄鳴, 發舡櫓役, 烟雲卷舒, 風浪排空, 行至十五里, 歇舟和語濱, 暮到府中。上副使同舍西山寺[79], 調信進酒魚。

8월 24일。맑음。

새벽에 일어나 아침밥 먹기를 마치고 장차 배를 출발하려 했으나, 구름이 사방에서 일어나【결락】

二十四日。晴。

晨興[80]飯訖, 將發船, 然雲四起【缺】

---

79 西山寺(서산사): 세이잔지. 일본 나가사키현 쓰시마시 이즈하라초에 있는 사찰.
80 晨興(신흥): 晨起. 새벽에 일어남.

일기도(壹岐島)·비란도(飛蘭島: 平戸島)

8월 25일。맑음。

날이 밝을 무렵 배를 출발하여 저물어서야 일기도(一岐島: 壹岐島, 이키시마)의 풍본포(風本浦: 勝本浦, 가쓰모토우라)에 도착하였다. 거주하고 있는 민가는 겨우 100여 호쯤 되었고, 묵정밭이 산에 가득하였으나 논은 드물게 있었다. 선창은 넓게 트여서 1천 척의 배라도 정박할 수 있었다. 남쪽 봉우리 위에는 3층의 망대(望臺)를 높다랗게 쌓았다. 이 섬은 비란도주(飛蘭島主: 平戸島主) 법인(法印, 마쓰우라 시게노부)에게 예속되어 있었는데, 법인은 군사를 거느리고서 부산(釜山)에 머물러 있다고 하였다.

이날 장계(狀啓)를 봉하여 내보내면서 집에 보내는 편지도 부쳤다.

二十五日。晴。

天明發船, 暮到一岐島[81]風本浦[82]。居家僅百餘戶, 菑畬[83]遍山, 水田罕有。船倉[84]寬濶, 容泊千艘。南峰上, 高築三層望臺[85]。此島屬於飛鸞島[86]主法印[87], 法印領兵, 住釜山云。是日, 封啓出送, 因寄家書。

8월 26일。맑음。

그대로 머물러 있으면서 바람이 불기를 기다렸다.

二十六日。晴。

---

81 一岐島(일기도): 壹岐島. 이키시마. 일본 규슈(九州) 북서쪽 겐카이나다(玄界 灘: 일본 九州와 대마도 사이의 바다. 玄海灘)에 있는 섬. 야요이 시대 고분 등 유적이 많다. 행정상 나가사키현(長崎縣) 이키군(壹岐郡)에 속한다.

82 風本浦(풍본포): 勝本浦. 가쓰모토우라. 壹岐島의 최북단에 있는 항구. 과거 고래잡이로 번성했고 지금은 오징어잡이가 번성한 곳이다.

83 菑畬(치여): 묵은 밭을 갈아서 농사를 짓는 것.

84 船倉(선창): 바닷가에 시설한 창고의 일종. 배에 싣고 갈 짐을 쌓거나 또는 부리 기 위하여 마련된 것임.

85 望臺(망대): 주위의 동정을 살피려고 세운 높은 臺.

86 飛蘭島(비란도): 히라도. 平戶島. 일본 규슈(九州) 나가사키현(長崎縣) 북서부 에 있는 섬.

87 法印(법인): 松浦鎭信(1549~1614)을 가리킴. 마쓰우라 시게노부. 마쓰우라 가 문의 26대 당주로, 平戶島의 초대 번주다. 임진왜란 당시 그는 가라쓰 앞바다에 있는 전략상 요충지 壹岐島에 가쓰모토조(勝本城)를 쌓고 조선 침공의 嚮導 역 할을 했다. 동생, 아들과 함께 고니시 유키나가(小西行長)의 제1부대로 참여해 전쟁의 서막을 올린 이후 7년 동안 울산성, 순천성 전투 등을 포함해 24번의 전투에서 모두 승리했다고 한다. 法印은 승려로서 將倭가 된 자의 官等이다.

仍留待風。

8월 27일. 맑음.

그대로 머물러 있으면서 바람이 불기를 기다렸다. 이날 평조신(平調信)에게 일본 소식을 물으니, 답하기를, "사개(沙盖: 堺市, 사카이시) 및 국도(國都: 京都, 교토) 등지에서 지진이 일어나 인가(人家)들이 무너져서 깔려 죽은 사람이 거의 1만여 명에 이르렀으며, 양 천사(楊天使: 楊方亨)가 묵고 있던 관사(館舍) 또한 무너졌으나 부축되어 나와서 겨우 죽음을 면하였는데, 이 괴상한 변고는 근자에 없던 일이다."라고 하였다.

또 말하기를, "관백(關白: 豊臣秀吉, 도요토미 히데요시)이 단지 고칙(誥勅: 誥命과 勅書)과 신사(信使: 通信使)의 행차만을 기다리고 있어서 즉시 대사를 마무리 지을 것이며, 일본의 사은사(謝恩使)가 천사(天使: 명나라 사신 양방형·심유경)와 함께 9월쯤 나가게 될 것이다."라고 하였다.

이 풍본포(風本浦: 勝本浦, 가쓰모토우라)의 왜인들이 도주(島主)가 없다는 핑계로 일행의 원역(員役: 官員과 役徒)에게 전혀 공급하지 않자, 평조신이 은(銀)을 내어 쌀을 구입하여 제공하였고 또 중간 크기의 소도 보내주었다.

二十七日。晴。

仍留待風。是日, 問日本消息於調信, 答云: "沙盖[88]及國都等處地震, 人家塌壞, 壓死者幾至萬餘, 楊天使[89]寓館[90]亦倒, 扶出僅免, 怪變近古所無."云。且言: "關白[91]只竢誥勅與信使之行, 卽完

大事, 日本謝恩使, 偕天使, 九月間出來."云。此浦之倭, 誘以無
島主, 一行員役, 專不供給, 調信出銀貿米而供, 又致中牛。

8월 28일。 맑음。

진시(辰時: 아침 8시 전후)에 배를 출발하여 저물어서야 낭고야(浪
古耶: 名護屋, 나고야)의 선창(船倉)에 도착하니, 도주(島主)는 본토에
가 있어서 때마침 가수(假守: 임시 관리)가 있다고 하였다.

섬의 지세가 광활하였고, 사람과 물자가 번성하였다. 저자와 마
을이 2리가량 침상을 나란히 놓은 듯 이어졌는데, 널빤지를 이은
살림집들이 산골짜기에까지 길게 뻗쳐 있어서 자그마치 4, 5백 거
처나 되었다. 객관(客館)은 산의 정상을 차지한 듯이 세워졌으며 산
봉우리 위에 7층의 망대(望臺)가 우뚝 서 있는데, 기와를 덮었고 벽
에 분칠하였다.

---

88 沙盖(사개): 사카이. 堺市. 일본 오사카부(大阪府) 센보쿠(泉北) 지역에 위치한
    시이다. 5세기 때 만들어진 열쇠 구멍 모양의 고분으로 유명하다.

89 楊天使(양천사): 명나라 사신 楊方亨을 가리킴. 1595년 임진왜란 당시 명나라
    가 일본과 강화를 위해 파견한 사신 가운데 1명이다. 강화를 통해 일본과의 전쟁
    을 끝내기로 결정한 명나라는 豊臣秀吉을 일본 국왕으로 책봉하는 사신 파견을
    결정하였다. 이때 일본으로 향하는 사신의 부사로 차출된 인물이 양방형이다.
    1596년 4월 4일 정사 李宗城이 부산에 있던 일본군 진영을 탈출하는 사건이
    발생하자 명나라 조정은 양방형을 정사에 임명하였다. 양방형은 일본으로 건너
    가 풍신수길과 강화를 위한 회담을 가졌지만, 명나라와 일본이 원하는 것에 차이
    가 있어 강화는 이루어지지 않았다. 이 일로 결국 그는 탄핵을 당하였다.

90 館(관): 館舍. 외국 사신을 머물러 묵게 하는 집.

91 關白(관백): 일본에서 왕을 내세워 실질적인 정권을 잡았던 막부의 우두머리.

선창(船艙)은 길고 넓어서 만 척의 배라도 숨길만 했는데, 지금 대선(大船) 10척과 중선(中船) 10척이 판목(板木)을 가득 실었고, 또 중선 30척이 있으나 태반이 파손되었고, 단정(短艇: 작은 고깃배)·소가(小舸: 소형 쾌속정) 또한 40여 척에 이르렀다.

포로로 잡혀 온 남녀가 고향을 그리워하는 마음을 품고서 원근 각지에서 찾아와 모여든 자가 천 사람 백 사람씩 떼를 지었으나 흉악한 무리가 억누르고 감금하여 놓아주지 않았으며, 간혹 우리의 말소리를 듣고 찾아와 통곡하는 자가 있었으니 비참하여 차마 마주 볼 수가 없었으며, 어렸을 때 붙잡혀 온 자는 입에 왜인의 말이 익숙하고 우리나라의 말을 이해하지 못하니 참으로 슬프고 한탄스러웠다.

이 섬은 40여 마을로 이루어져 있다고 하였다. 풍본포(風本浦: 勝本浦, 가쓰모토우라)에서 이곳까지는 뱃길로 450리이다.

二十八日。晴。

辰時發船, 暮到浪古耶[92]舡倉, 島主往在本國, 時有假守云。島勢廣潤, 人物繁盛。市里連床二里許, 盖板屋廬[93], 延亘山谷, 無慮[94]四五百區。客館壓起山頂, 於峰上, 屹立七層望臺, 瓦盖粉飾壁矣。舡倉, 長而潤, 可藏萬艘, 而見在大船十隻·中船十隻, 滿載板木, 又有中舡三十隻, 太半破毀, 短艇·小舸, 亦至四十餘矣。

---

92 浪古耶(낭고야): 나고야. 名護屋. 佐賀縣 북부 東松浦 반도 북단의 해안을 따라 발달한 고을. 중세에는 松浦党의 일족인 名護屋氏의 본거지이었다. 풍신수길이 조선 침략 때 이 지역에 本營을 두고 성을 축조하였다.

93 屋廬(옥려): 살림집.

94 無慮(무려): 수량을 나타내는 말 앞에서 '자그마치'의 뜻을 나타냄.

被搶男婦, 懷戀首丘[95], 自遠近來集者, 千百爲群, 而凶徒禁抑, 幽囚不放, 或有聞我聲音來哭者, 慘不忍相視, 兒時見俘者, 則口熟鴂舌[96], 不解我語, 良可悼歎也。此島管四十餘村云矣。自風本浦至此, 水路四百五十里。

8월 29일。 맑음。

한낮에 상사(上使: 황신)와 부사(副使: 박홍장)가 저잣거리의 집으로 내려가서 묵었다.

二十九日。 晴。

日午, 上副使, 下舍市家。

윤8월 1일。 잠깐 비가 왔다가 잠깐 맑음。

한낮에 5리쯤 되는 호우포(呼右浦: 呼子, 요비코)로 옮겨 정박하고 내려서 촌사(村舍: 시골집)에 묵었다.

閏八月 初一日。 乍雨乍晴。

日午, 移泊五里許呼右浦[97], 下宿村舍。

윤8월 2일。 맑음。

모든 배들이 노질하여 나아가 귀지(貴志: 기시)에 이르러 배를 정

---

95 首丘(수구): 고향을 그리워함.

96 鴂舌(결설): 알아들을 수 없는 오랑캐의 말. 여기서는 왜인의 말을 가리킨다.

97 呼右浦(호우포): 요부코. 呼子. 일본 사가현(佐賀縣) 카라츠시(唐津市)에 있는 포구.

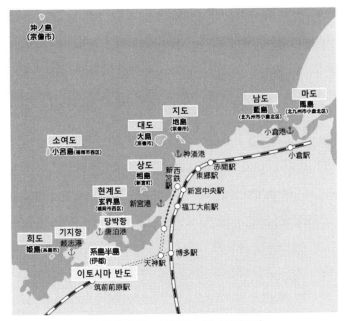

기지항(岐志港)·당박항(唐泊港)·남도(藍島)

박하고 밥을 먹었다. 날이 저물었으나 우리나라 배 2척이 닻줄을 당겨 지나는데, 크고 작은 섬들을 빙빙 휘감는 큰 파도가 세찼지만 뚫고 나아가 당박(唐泊: 카라도마리)에 이르니, 저녁별은 기울고 은하수만 구를 뿐 밤은 이미 깊었다. 이곳에서 정박하고 밤을 지새웠는데, 건너편 언덕에 인가(人家)가 역력히 30여 호쯤 되었고 온 산이 밭두둑이었다.

호우(呼右: 呼子, 요비코)에서 이곳까지는 뱃길로 150리이며, 귀지(貴志)·당박(唐泊)은 모두 축전주(筑前州: 福岡縣)에 속한다.

二日。晴。

諸船櫓役, 行至貴志[98], 歇舟飯訖。日昏, 我國船二隻, 牽纜而
行, 島嶼縈迴, 波瀾洶洶, 行至唐泊[99], 參橫[100]河轉, 夜已深矣。泊
此經宿, 越岸人家, 歷歷可三十餘, 田畦滿山矣。自呼右至此, 水
路一百五十里, 貴志·唐泊, 皆屬於筑前州[101]。

윤8월 3일。 맑음。

진시(辰時: 아침 8시 전후)에 배를 출발하여 저물어서야 남도(藍島:
아이노시마)에 도착하였다. 새로 지은 공관(公館)이 널찍한데다 깔끔
하고 화려하였는데, 띠로 덮고 대나무로 둘러서 더욱 말쑥하였다.
곁에 인가(人家)가 수십 채 있었고, 상선(商船) 7척이 바닷가에 대어
있었다. 이 공관은 대체로 천사(天使: 명나라 사신)를 위하여 새로 지
은 것이라 하였다. 당박(唐泊: 카라도마리)에서 이곳까지는 【결락】

三日。晴。

辰時發船, 夕到藍島[102]。新構公館, 弘敞精麗, 覆之以茅, 圍之
以竹, 尤可瀟灑。傍有人家數十, 商船七隻靠岸[103]矣。此館, 盖爲

---

98 貴志(귀지): 기시. 현재의 岐志. 일본 후쿠오카현(福岡縣) 이토시마 반도 끝에
   위치한 시마키시 포구.

99 唐泊(당박): 카라도마리. 일본 후쿠오카현(福岡縣) 이토시마 반도 끝에 위치한
   포구.

100 參橫(삼횡): 저녁별이 기움. 參星은 저녁별이며, 晨星은 새벽별이다.

101 筑前州(축전주): 지쿠젠쥬. 현재 후쿠오카현(福岡縣)의 주요 지역을 일컫던 옛
    지명이다.

102 藍島(남도): 아이노시마. 후쿠오카 현(福岡縣) 北九州市 小倉北區에 속한 섬.

103 靠岸(고안): 배를 물가에 댐.

天使新創云。自唐泊至此【缺】

윤8월 4일。 맑음。

축시(丑時: 새벽 2시 전후)에 지진이 있었으나, 진시(辰時: 아침 8시 전후)에 배를 출발하여 【결락】 400여에 이르렀고, 밭곡식은 벌써 익었고 청채(菁茱: 순무)가 막 무성하였다.

초경(初更) 말(저녁 9시)에 선창으로 옮겨 정박하였는데, 비바람이 세차게 일어나 한밤중에야 조금 그쳤다. 남도(藍島: 아이노시마)에서 이곳까지는 뱃길로 180리이다.

四日。晴。

丑時地震, 辰時發船【缺】至四百餘, 田穀已熟, 菁茱方盛矣。初更末, 移泊船倉, 風雨暴作, 夜半少止。自藍島至此, 水路一百八十里。

윤8월 5일。

바람이 불고 비가 내려 그대로 머물렀다.

五日。

風雨仍留。

윤8월 6일。 맑음。

그대로 머무르며 바람이 불기를 기다렸다. 이날 평조신(平調信)이 생선과 술을 녹료(祿料)로 가지고 와서 나누어 주었다.

初六日。晴。

仍留待風。是日, 調信以魚酒, 散料來餽。

윤8월 7일。 맑음。

사시(巳時: 오전 10시 전후)에 배를 출발시켰는데, 포로로 잡혀 온 남녀 40여 명이 좌우에서 울부짖으니 눈으로 차마 볼 수 없었다. 저물어서야 적간하관(赤間下關: 시모노세키)에 도착하였는데, 상사(上使: 황신)와 부사(副使: 박홍장)는 아미타사(阿彌陁寺: 현재 아카마 신궁)에서 묵었다. 판잣집들이 처마와 처마가 맞닿으며 멀리 언덕 위까지 이어졌는데 거의 8, 9백 호에 이르렀고 사람들이 매우 많았으며 선창이 광활하여 만 척의 배를 숨길만 하였다.

이날 밤에 관장(關長) 평위문(平衛門)이 녹료(祿料)를 보내주었다. 호옥(芦屋: 아시야)에서 이곳까지는 뱃길로 100리이다.

七日。晴。

巳時發船, 被俘男女四十餘, 呼泣右左, 目不忍見。暮到赤間下關[104], 上副使下宿阿彌陁寺[105]。板屋連簷, 迤延岸上, 幾至八九百戶, 人物甚衆, 船倉闊遠, 可藏萬艘矣。是昏, 關長平衛門, 餽送

---

104 赤間下關(적간하관): 赤間關 또는 下關으로 불림. 시모노세키. 일본 혼슈(本州) 야마구치현(山口縣)에 있는 도시. 서부 일본의 육해 교통의 십자로에 해당하는 위치에 있다.

105 阿彌陁寺(아미타사): 일본 혼슈(本州) 야마구치현(山口縣)에 있는 아카마 신궁(赤間神宮)이 에도시대까지 불린 이름. 단노우라 해전 이후 안토쿠(安德) 천황을 기리기 위해 지어진 사찰로, 조선 시대 통신사의 숙소 역할도 하였다. 규슈(九州)를 거쳐 바다를 건넜고, 혼슈의 관문인 시모노세키에 도착하여 처음 묵었던 곳이다.

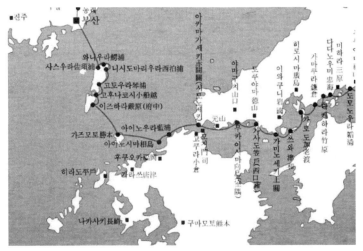

하관(下關)·향도(向島)·상관(上關)

散料。自芦屋[106]至此，水路百里。

윤8월 8일。맑음。

사시(巳時: 오전 10시 전후)에 모든 배들이 돛을 달고 15리쯤 나아
가자 북쪽 해변의 산 아래에 장문(長門)의 부중(府中)이 있었는데，
여염집이 즐비한데 볼거리가 많고 적은지는 멀어 알 수가 없었다．
부중의 동쪽에서 20리쯤 되는 곳에 미군(尾郡)·파풍도(波風渡) 등
마을이 있는데 인가(人家)는 많지 않았다．이곳에서 30리쯤 가면 주

---

106 芦屋(호옥): 아시야．후쿠오카현(福岡縣) 芦屋町(아시야마치)에 위치．이곳을
　　통치하던 우츠노미야씨(宇都宮氏) 세력이 천황의 명을 받아 차솥을 처음 생산했
　　다고 전한다．

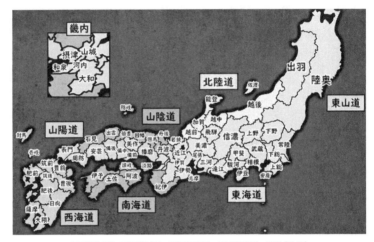

풍전(豊前)·풍후(豊後)·장문(長門)·주방(周防)·비후(備後)

방(周防: 스오오)의 옛 고을이 있는데, 교목(喬木: 큰키나무)이 울창하였고 인가(人家)가 다닥다닥 즐비하였다. 남쪽의 바다 방면으로 네 고을이 있는데, 산의 형세가 높으면서 멀리 뻗쳤고 사람과 물자가 풍성하였으며, 지난날에는 반역을 꾀했으나 지금은 풍전주(豊前州)에 투항하여 복속되었다.

초경(初更) 말(저녁 9시)에 주방(周防) 땅인 향도(向島: 무카이시마섬)에 도착하여 정박하고 밤을 지새웠는데, 파도는 안온하게 고요하였고 하얀 달빛이 천 리를 비추었다. 하관(下關: 시모노세키)에서 이곳까지는 뱃길로 200리이다.

八日。晴。

巳時諸船, 張帆而行十五里許, 北邊山下, 有長門[107]府中, 閭閻櫛比, 物色殷羃[108], 遠莫能知。自府中東, 距二十里, 有尾郡·波風渡等村, 人家不多。自此, 行三十里許, 有周防¹⁰⁹舊州, 喬樹鬱鬱, 人家疊疊。南洋中有四州, 山勢高遠, 人物阜盛¹¹⁰, 昔日謀逆, 今降附於豊前州¹¹¹。初更末, 到泊周防地向島¹¹², 經夜, 波面安靜, 皓月千里。自下關至此, 水路二百里。

윤8월 9일。맑음。

동이 틀 무렵에 노질하여 바다로 나아가니 남쪽으로는 풍전주(豊前州)가 있고 북쪽으로는 주방산(周防山)이 가로놓여 있는데, 크고 작은 섬들이 얽히고설켜 배를 댈 곳은 많이 있었으나 인가(人家)는 보이는 것이 드물었다.

밤중이 되어서야 상관(上關: 가미노세키)에 정박하였는데, 고깃배의 불빛이 빛났고 달빛이 대낮과 같았다. 배에서 내려 공관(公館)에 묵었는데, 이는 천사(天使: 명나라 사신)를 위하여 새로이 지은 것이라 하였다. 향도(向島: 무카이시마섬)에서 이곳까지는 뱃길로 180리이며, 이곳은 주방주(周防州)에 속해 있다.

九日。晴。

質明¹¹³, 櫓役而行, 南有豊前州, 北橫周防山, 島嶼縈紆, 多有

---

107 長門(장문): 나가토. 일본 혼슈(本州) 야마구치현(山口縣)의 서북부 지역.

108 殷烹(은과): 殷寡. 많고 적음.

109 周防(주방): 일본 혼슈(本州) 야마구치현(山口縣)의 동쪽 지역을 일컫던 옛 지명.

110 阜盛(부성): 풍성함.

111 豊前州(풍전주): 일본 구슈(九州)의 동북부에 위치해 있던 지역.

112 向島(향도): 일본 주고쿠(中國) 히로시마현(廣島縣)의 무카이시마섬.

泊船之所, 而人家則罕見矣。夜泊上關[114], 漁火煌煌, 月色如畫。下舍公館, 此爲天使新構云。自向島至此, 水路一百八十里, 此地屬於周防州。

윤8월 10일。 맑음。

오후에 배를 출발하여 저물어서야 웅귀(熊貴)에 이르러 배 안에서 밤을 지새웠는데, 물결 빛이 찰랑거리니 산에 걸린 달이 춤추는 듯하였다. 이곳은 주방주(周防州)에 속해 있으며, 상관(上關: 가미노세키)에서 이곳까지는 뱃길로 50리이다.

十日。晴。

日晩發船, 暮抵熊貴, 舟中經夜, 波光瀲灩, 山月婆娑[115]。此地屬於周防州, 自上關至此, 水路五十里。

윤8월 11일。 맑음。

날이 밝을 무렵에 노를 저어 출발하였으나 밤이 되어서야 가망개리(可望介里: 鎌지. 蒲지, 카마가리)에 도착하니, 서늘한 바람이 얼굴을 스쳤고 썰렁한 구름이 눈을 가렸다. 웅귀(熊貴)에서 이곳까지는 뱃길로 200리이다.

---

113 質明(질명): 동이 틀 무렵.
114 上關(상관): 가미노세키. 야마구치현(山口縣) 남동부에 있는 세토나이카이[瀬戶內海]의 서부에 있는 지명.
115 婆娑(파사): 빙빙 돌며 춤추는 모양.

十一日。晴。

天明發棹, 夜到可望介里[116], 凉風拂面, 寒雲遮眼矣。自熊貴至
此, 水路二百里。

윤8월 12일。아침에 맑았다가 저녁에 비가 내림。

해시(亥時: 밤 10시 전후)에 지진이 일어났다. 날이 밝을 무렵에 배
를 출발하여 180리쯤 갔는데, 마침 소나기가 쏟아지고 날이 또한
어두워진 데다 풍랑으로 돛을 거두어야 했으므로 결국 도모(道母:
鞱浦, 도모노우라)의 상도(上島)에 정박하고 묵었으나 섬 안에는 객점
(客店)이 없었다. 이곳은 비후주(備後州)에 속해 있는데, 가망개리
(可望介里: 鎌지. 蒲지, 카마가리)에서 이곳까지는 뱃길로 190리이다.

한 왜인이 와서 이르기를, "풍후주(豊後州)의 부중(府中)은 여염집
이 즐비하고 사람과 물자가 풍부하며 평소 경치가 뛰어난 곳으로
일컬었소. 지난달 9일 대낮에 지진이 일어나 땅이 꺼지며 함몰되어
바다를 이루자, 1만여 마리의 가축들이 일시에 물에 잠겨 죽었소.
이때를 당하여 도주(島主)는 마침 경성(京城)에 가서 죽음을 면했다
고 하오. 같은 달 12일 섭진주(攝津州)의 병고(兵庫: 효고)에 또 지진
이 일어났는데, 살림집 1천여 채가 일시에 무너지면서 무서운 불길
에 탔으며, 살고 있던 백성으로 죽은 자는 셀 수가 없다고 하였소.
병고(兵庫)에 홍문(虹門)이라는 바다가 있어서 옛날부터 평어(平魚:

---

116 可望介里(가망개리): 鎌지. 蒲지. 에도시대 아키국(安藝國)에 속하고, 현재의
   히로시마현(廣島縣) 구레시(吳市) 시모가마가리초 시모지마(下蒲지町 下島).

병어)와 수어(秀魚: 숭어)가 많이 모여들었는데, 그 바다에서 요사스
럽고 괴이한 일이 일어나자 어부가 그물을 던져도 물고기를 잡지
못했을 뿐만 아니라, 미처 배를 돌리기도 전에 갑자기 전복되어 바
다에 빠져 죽었고, 그 처와 자식들 또한 어부를 따라 울부짖으며
죽은 것이 연달아 나왔소. 장차 온 나라 사람을 빠뜨리는 구덩이가
될지라, 어떤 사람이 개연히 많은 사람에게 맹세하여 말하기를, '내
가 저 바다에 가서 평어와 수어가 되어 그 종족을 거느리고 남명(南
溟: 남쪽의 큰 바다)으로 피해 옮겨 가 수많은 살아 있는 사람들이 편
안히 그물로 물고기를 잡게 할 것이오.'라고 하고는 바닷물에 몸을
던져 죽었소. 그 후로부터 물고기에 의한 폐해가 마침내 사라졌으
니, 지금까지 그 신비스러운 기적을 대대로 전하고 있소. 그런데
임진년(1592) 이후로 물고기들이 차차 다시 모이면서 하늘이 여러
차례 경계를 보이니, 나라의 인심이 흉흉하고 두려워하며 서로 붙
들어 우는 지경에 이르러 말하기를, '상전벽해(桑田碧海: 세상의 커다
란 변화)가 되는 화(禍)가 금세 닥칠 것이다.'라고 하였소." 하였다.
이와 같은 말은 비록 족히 믿을 만한 것이 못 되나, 기왕에 이상한
소문을 들었으니 기록하지 않을 수 없었다.

　十二日。朝晴夕雨。

　亥時地震。黎明發舡, 行百八十里許, 會天驟雨, 日又昏黑, 風
浪捲帆, 遂泊宿道毋[117]上島, 島內無店舍[118]。此地屬於備後州, 自

---

117 道毋(도모): 都毛 또는 刀毛로도 표기됨. 鞱浦. 도모노우라. 일본 히로시마현
　　후쿠야마시 누마쿠마 반도 남단에 있는 항구와 그 주변 해역을 일컫는다.

可望介里至此, 水路一百九十里。有一倭來云: "豊後州府中, 閭
閻櫛比, 人物阜盛, 素稱形勝矣。前月初九日, 白晝地震, 淪陷成
海, 萬餘人畜, 一時淪沒。當是時也, 島主適往京城, 免死云。同
月十二日, 攝津州[119]兵庫[120], 又爲地震, 屋廬千餘, 一時倒塌, 烈
火隨熒, 居民死者, 無算云矣。兵庫有虹門滄, 往古平魚 · 秀魚多
萃, 滄內興妖作怪, 漁人投網, 不惟魚不可得, 未及回棹, 忽者覆
溺, 其妻孥亦隨呼而就沒者, 踵相接[121]也。將爲一國陷人之坑, 有
一人, 慨然誓衆, 曰: '吾赴彼滄, 化爲平秀魚, 率其種類, 避徙南
溟[122], 使億萬生靈, 安業漁採[123]。' 遂投水死。自是, 魚患遂息, 至
今相傳其靈異。自壬辰以來, 魚稍還集, 天屢示警, 國人洶惧, 至
有相泣曰: '桑海之變[124], 迫在朝夕。'"云云。如此之說, 雖不足信,
然旣有異聞, 不可不錄爾。

---

118 店舍(점사): 客店. 오가는 길손이 음식을 사 먹거나 쉬던 집.

119 攝津州(섭진주): 일본 大阪府 북서부와 兵庫縣 남동부를 일컫던 옛 지명. 1583년
   豊臣秀吉이 大坂城 건설을 시작하고 직접 관할하는 지역으로 삼았다. 풍신수길이
   사망한 후 江戶幕府) 대판을 직접 관할하고 섭진국 안에 麻田藩 · 高槻藩 · 尼崎藩
   · 三田藩의 4개 번을 설치하였다.

120 兵庫(병고): 일본 긴끼(近畿) 지방에 있는 고을. 神戶항의 전신으로 大阪灣 북
   서부, 和田곶 동쪽에 있는 만의 활처럼 구부러진 부분에 있는 항구인 兵庫津이
   있다.

121 踵相接(종상접): 踵趾相接. 발뒤꿈치와 발부리가 잇닿음. 사람들이 잇따름.

122 南溟(남명): 남쪽에 있는 큰 바다.

123 漁採(어채): 낚시나 그물 따위로 물고기를 잡음.

124 桑海之變(상해지변): 뽕나무 밭이 푸른 바다가 된다는 뜻으로, 세상이 몰라 볼
   정도로 바뀌는 것을 일컫는 말.

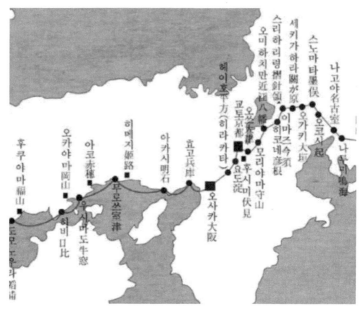

도모노우라(鞆浦)·히비(日比)·무로쓰(室津)·효고(兵庫)·오사카(大阪)

윤8월 13일. 맑음.

새벽닭이 울 무렵 배를 출발하여 저물어서야 비중주(備中州)의 사도(蛇島)에 도착하여 배를 정박하였다가 2경 말(밤 11시)에 하로촌(下露村)으로 옮겨 정박하였다. 이날 저녁에 가을바람이 살짝 불어오고 흰 이슬이 싸늘하게 내리니, 사람으로 하여금 시절에 감개하고 고향을 그리워하는 정을 금치 못하도록 했다. 건너편 언덕의 인가는 많지 않았다. 상도(上島)에서 이곳까지는 뱃길로 180리이다.

十三日。晴。

雞鳴發船, 暮到備中州蛇島[125]歇舟, 二更末, 移泊下露村[126]。是

夕, 金風乍起, 白露凄慄, 令人不禁其感時懷土之情矣。越岸人
家, 不多矣。自上島至此, 水路一百八十里。

윤8월 14일。 맑음。

오후에 배를 출발하여 저녁이 되어서야 우창(牛倉: 牛窓, 우시마도)
에 도착했는데, 80여 가구가 해안을 따라서 살고 있었다. 하로(下
露)에서 이곳까지는 뱃길로 120리이다.

十四日。晴。

日晚發船, 夕抵牛倉[127], 八十餘家, 沿岸而居矣。自下露至此,
水路一百二十里。

윤8월 15일。 맑음。

역풍이 불어 그대로 머물렀다. 이날 밤에 지진이 일어났는데, 방
벽이 흔들렸고 창호가 저절로 열리고 닫혔다.

十五日。晴。

風逆仍留。是夜地震, 屋壁搖撼[128], 牕戶自開闔矣。

---

125 蛇島(사도): '헤비시마'로 읽히는바, 일본 오카야마현(岡山縣) 다마노시(玉野
市)의 히비(日比)인 듯.

126 下露村(하로촌): 일본 오카야마현(岡山縣) 다마노시(玉野市)의 시모카라수(下
烏) 섬인 듯.

127 牛倉(우창): 牛窓. 일본 오카야마현(岡山縣) 세토우치시(瀨戶內市) 우시마도초
(牛窓町) 우시마도. 에도시대에는 備前國에 속하였고, 예로부터 사이고쿠(西
國, 규슈지방 등) 항로의 항구로 번영하였다.

128 搖撼(요감): 흔들리게 함. 흔듦.

윤8월 16일。 맑음。

축시(丑時: 새벽 2시 전후)에 지진이 일어났다. 날이 밝을 무렵에 배를 출발하여 저녁이 되어서야 번마주(幡摩州)의 무로촌(無露村: 無老注, 室津, 무로쓰)에 도착하여 정박하였는데, 인가(人家) 100여 호가 언덕 위에 길게 이어져 있었지만, 선창(船倉)의 지세가 가장 좋았다. 우창(牛倉: 牛窓, 우시마도)에서 이곳까지는 뱃길로 100리이다.

이날 밤에 마을의 이정(里正: 마을의 행정 책임자)이라고 하는 자가 반찬 식재를 바치러 왔다.

十六日。晴。

丑時地震。天明發船, 向夕到泊幡摩州[129]無露村[130], 人戶百餘家, 迤居岸上, 船倉地勢, 取好矣。自牛倉至此, 水路一百里。是夜, 村之里正云者, 來獻饌料。

윤8월 17일。 맑음。

새벽닭이 울 무렵 배를 출발하여 밤이 되어서야 섭진주(攝津州)의 병고관(兵庫關)에 정박하고 배 안에서 하룻밤을 지냈는데, 허다한 인가(人家)가 과연 모두 무너지고 대들보가 꺾였는지라 이때 바야흐

---

129 幡摩州(번마주): 동쪽으로는 攝津, 서쪽으로는 備前, 남쪽으로는 바다, 북쪽으로는 美作에 이르며, 소속된 군은 12군이고 구리와 철이 생산됨.

130 無露村(무로촌): 無老注. 일본 효고현(兵庫縣) 다쓰노시(たつの市) 미쓰초무로쓰(御津町室津). 에도시대에는 하리마국(播磨國)에 속하였고, 하리마나다(播磨灘)에 면해있는 항구도시로 고대부터 알려진 세토나이카이(瀨戶內海)의 중요한 항구이며, 특히 사이고쿠다이묘(西國大名)의 참근교대(參勤交代)의 상륙지가 되어 번영하였다.

로 개축하고 있었다. 무로(無露: 無老注, 室津, 무로쓰)에서 이곳까지
는 뱃길로 180리이다.

　十七日。晴。

　雞鳴發船, 夜泊攝津州兵庫關, 舟中經宿[131], 許多人家, 果皆頹
壞, 時方有改築者焉。自無露至此, 水路一百八十里。

윤8월 18일。맑음。

땅거미가 질 무렵에 지진이 일어났다. 일찍 출발하여 낮이 되어서
야 사개(沙盖: 堺市, 사카이시)에 도착하였다. 중군(中軍) 이대간(李大
諫)이 먼저 배를 대니, 양 천사(兩天使: 양방형과 심유경)가 왜장 행장(行
長: 小西行長, 고니시 유키나가)·정성(正成: 寺澤正成, 테라자와 마사시게)
·평의지(平義智: 소 요시토시) 등과 함께 해안에서 고칙(誥勅: 誥命과
勅書)을 영접하여 정사(正使: 양방형)의 관소(館所)에 봉안하였다.

　우리나라의 상사(上使: 황신)와 부사(副使: 박홍장)가 뒤따라 도착
하여 두 천사에게 들어가 절하였는데, 천사들이 대청 위에 서서 읍
(揖: 두 손을 마주잡고 상반신을 약간 굽히는 인사)하는 일이 끝나자 상락
사(常樂寺: 長樂寺)에서 묵었다. 이날 밤에 평의지(平義智)가 다상(茶
床: 찻상)을 차려와 바치며 안부를 물었다. 병고(兵庫: 효고)에서 이곳
까지는 뱃길로 130리이다.

　十八日。晴。

---

131 經宿(경숙): 바깥에서 밤을 지새는 것.

初昏地震。早發, 午到沙盖。李中軍先泊, 兩天使與倭將行
長[132]·正成[133]·義智等, 偕迎接誥勅於海岸, 奉安正使館所。我國
上副使隨到, 入拜兩天使, 天使立堂中而揖訖, 舍于常樂寺[134]。是
昏義智, 以茶床來獻, 問侯。自兵庫至此, 水路一百三十里。

---

132 行長(행장): 小西行長. 고니시 유키나가. 고니시 유키나가는 오다 노부나가가
사망한 혼노지의 변란 이후로 히데요시를 섬기면서 아버지 류사와 함께 세토나
이 해의 군수물자를 운반하는 총책임이 되었다. 1588년 히데요시의 신임을 얻어
히고노쿠니 우토 성의 영주가 되었으며 1592년 임진왜란 때는 그의 사위인 대마
도주 소 요시토시와 함께 1만 8,000명의 병력을 이끌고 제1진으로 부산진성을
공격하였다. 조선의 정발 장군이 지키는 부산포 성을 함락하고 동래성을 함락시
켰다. 이후 일본군의 선봉장이 되어 대동강까지 진격하였고 6월 15일에 평양성
을 함락하였다. 그러나 1593년 명나라 장수 이여송이 이끄는 원군에게 패하여
평양성을 불 지르고 서울로 퇴각하였다. 전쟁이 점차 장기화 되고 명나라를 정복
할 가능성이 희박해지자 조선의 이덕형과 명나라 심유경 등과 강화를 교섭하였
으나 실패하였다. 1596년 강화교섭이 최종 실패로 끝나자 1597년 정유재란 때
다시 조선으로 쳐들어왔으며 남원성 전투에서 조선과 명나라 연합군을 격퇴하고
전주까지 무혈 입성하였으며 순천에 왜성을 쌓고 전라도 일대에 주둔하였다.
1598년 도요토미 히데요시가 사망하고 철군 명령이 내려지자 노량해전이 벌어
지는 틈을 이용해서 일본으로 돌아갔다.
133 正成(정성): 小西行長 휘하의 寺澤正成. 테라자와 마사시게. 곧 寺澤廣高(테라
자와 히로타카)이다. 아버지 寺澤廣政(테라자와 히로마사)과 함께 풍신수길을
섬겼다. 1592년부터 임진왜란을 즈음하여 히젠 나고야 성의 건축을 담당했고,
그 공으로 풍신수길의 측근이 되어 출세했다. 또, 무역통제와 조선에 있는 일본
군의 보급과 병력수송등의 임무를 맡았다. 고니시 유키나가와 함께 소위 무단파
에게 미움을 받았다. 풍신수길 사후, 도쿠가와 이에야스에게 접근하여, 1600년
세키가하라 전투에서는 동군에 속했다.
134 常樂寺(상락사): 常樂寺(상락사): 長樂寺(초라쿠지). 오사카부(大阪府) 사카이
(堺市) 쿠마노초(熊野町) 동쪽에 있는 절.

윤8월 19일. 맑음.

오후에 평의지(平義智: 소 요시토시)·현소(玄蘇: 景轍玄蘇, 게이테츠 겐소)가 상사(上使: 황신)와 부사(副使: 박홍장)를 만나러 왔다.

사개(沙盖: 堺市, 사카이시)는 하내주(河內州)에 속했는데, 높은 누각 판잣집의 처마가 맞닿은 것이 10여 리에 이어져 거의 만여 채에 이르렀으나 일찍이 지진으로 인하여 사이에 무너지고 대들보가 꺾였어도 미처 수리하지 못한 곳이 있었으며, 깔려 죽은 사람과 가축은 셀 수가 없다고 하였다. 저잣거리의 볼거리가 눈부실 정도로 빛나서 몇 천 종인지 몇 만 종인지 알 수 없었다.

十九日。晴。

日晚, 義智·玄蘇[135], 來見上副使。沙盖, 爲地屬於河內州[136],

---

135 玄蘇(현소, 1537~1611): 景轍玄蘇. 게이테츠 겐소. 1592년 임진왜란 당시 고니시 유키나가(小西行長) 밑에서 종군했던 겐소(玄蘇)로 잘 알려져 있다. 임진왜란이 일어나자 소 요시토시와 함께 고니시 유키나가의 휘하에서 참모로 종군했다. 고니시가 평양성 앞까지 진격한 후 상황이 안 좋아져 진군을 멈추자 6월 9일에 조선에 강화를 요청했고, 이에 조선 조정에서 李德馨을 파견해 겐소는 다이라 히라노부와 함께 회담을 했지만 조선측이 명나라를 침범할 수 있도록 한다는 제안을 거절하자 협상은 결렬되었다. 1593년에 이여송이 이끄는 명나라 군이 平壤城을 탈환하자 밤 중에 고니시 유키나가, 소 요시토시, 다이라 히라노부와 함께 얼음을 타고 대동강을 건너 철수했으며 이후에도 고니시 밑에서 명나라와의 강화 협상에 대해 논의하거나 통역하는 역할을 했다. 1595년에는 아예 명나라에 건너가 교섭을 했으며 1596년에 만력제에게서 本光國師라는 호를 받았다. 임진왜란이 끝나고 에도 막부가 들어선 이래 일본에선 지속적으로 조선과 화해를 시도했고, 1609년에 겐소가 조선에 사신으로 파견되어 조선과 교역할 수 있도록 하는 己酉約條를 받아냈다.

136 河內州(하내주): 일본 오사카부 가운데에 해당. 별칭은 카슈(河州, 하주)이다. 본디 카와치(河內) 부근은 바다와 강으로 둘러싸여있어 육지의 고도나 다름없었

高閣板屋, 連簷十餘里, 幾至萬家, 曾因地震, 間有頹壞未修者,
壓死人畜, 無算云矣。市中物色, 照耀奪目, 不知其幾千萬種也。

윤8월 20일。맑음。

그대로 머물렀다.

二十日。晴。

仍留。

윤8월 21일。맑음。

그대로 머물렀다.

二十一日。晴。

仍留。

윤8월 22일。맑음。

그대로 머물렀다.

二十二日。晴。

仍留。

윤8월 23일。맑음。

그대로 머물렀다. 이날 한밤중에 저잣거리에서 화재가 일어나 불

으나 시간이 지나고 퇴적현상이 일어나며 해안선이 후퇴하게 되었다. 이로 인해
오사카 평야가 형성되었으며 중세에 걸쳐 폭발적으로 성장하여 명실상부한 중세
일본의 수도권이 되었다.

길이 번져 60여 가구가 타고 말았다. 전해 듣건대 지난달 12일간 사개(沙盖: 堺市, 사카이시)·오사개(五沙盖: 大阪, 오사카)·국도(國都: 교토) 등지에서 흙비가 쏟아붓듯 내리며 종일토록 개지 않아 사람들이 통행할 수가 없었으며, 또 날마다 연이어 지진이 일어나 가옥들이 거꾸러져 깔려 죽은 사람과 가축들이 거의 6, 7만에 이르렀다. 때문에 관백(關白)과 나라 안의 대소 관원들이 모두 의구심을 품었다고 하였다.

양 천사(楊天使: 양방형)의 부하 김 천총(金千總: 金嘉猷) 및 가정(家丁) 4명, 심 천사(沈天使: 심유경)의 수하 서기(書記) 주벽(周壁: 朱璧으로도 표기) 및 가정 2명이 또한 깔려 죽었는데, 이 때문에 두 천사는 따로 초옥(草屋)을 짓고서 묵고 있었다.

이날 행장(行長: 소서행장) 등이 경성(京城)에서 돌아와 알리기를, "관백이 신사(信使: 조선 통신사)가 왔다는 소식을 듣고 매우 기뻐하며 따로 관우(館宇: 館所)를 지을 것 없이 9월 2일에 천사 및 신사를 회견(會見)하겠다."라고 하였다.

二十三日。晴。

仍留。是夜半, 市中失火, 延燒六十餘家。傳聞前月十二日間 沙盖·五沙盖[137]·國都等地, 土雨如注, 終日不霽, 人不得通行, 且連日地震, 屋廬傾倒, 壓死人畜, 幾至六七萬。故關白與國中大

---

137 五沙盖(오사개): 오사카. 大阪. 일본 혼슈 오사카만에 면한 제2의 도시. 1496년 이 곳에 오사카 고보유(大阪御坊)가 세워진 데서 유래된다. 고보유는 절(寺)이나 승려를 높여서 부르는 말이다.

小之人, 咸懷疑懼之心云矣。 楊天使標下[138]金千總[139]及家丁四
人, 沈天使手下書記周壁[140]及家丁二人, 亦爲壓死, 以此兩天使,
別營草屋而舍焉。是日, 行長等, 回京城來, 報曰: "關白聞信使之
來, 極甚喜悅, 不待別營館宇, 當於九月初二日, 會見天使及信
使."云云。

윤8월 24일。 아침에 비가 내리다가 오후에 갬。

그대로 머물렀다. 이날 한밤중에 지진이 일어났다.

二十四日。朝雨晩晴。

仍留。是夜半, 地震。

윤8월 25일。 흐림。

관소(館所)에 머물렀다.

二十五日。陰。

留館。

윤8월 26일。 낮에 흐렸다가 밤에 비가 내림。

관소(館所)에 머물렀다.

---

138 標下(표하): 手下. 수족처럼 쓰는 부하.

139 金千總(김천총): 正使 黃愼의 활동을 기록한 《일본왕환일기》(졸역서, 보고사,
 2022)에 의하면, 金嘉猷임. 申炅의 《再造藩邦志》에 나온 기록이다.

140 周壁(주벽): 正使 黃愼의 활동을 기록한 《일본왕환일기》(졸역서, 보고사, 2022)
 에 의하면, 朱璧으로 표기됨. 申炅의 《再造藩邦志》에 나온 기록이다.

二十六日。晝陰夜雨。

留館。

윤8월 27일。맑음。

해시(亥時: 밤 10시 전후)에 지진이 일어났다. 관소(館所)에 머물렀다.

二十七日。晴。

亥時地震。留館。

윤8월 28일。맑음。

관소(館所)에 머물렀다. 이날 관백(關白)이 오사개(五沙盖: 大阪, 오사카)에 왔다.

二十八日。晴。

留館。是日, 關白來五沙盖。

윤8월 29일。잠깐 흐리다가 잠깐 비가 내림。

관소(館所)에 머물렀다.

二十九日。乍陰乍雨。

留館。

9월 1일。새벽에 비가 내렸다가 아침에 갬。

이날 두 천사(天使)는 오사개(五沙盖: 大阪, 오사카)를 향하여 갔다.

九月初一日。晨雨朝晴。

是日, 兩天使前往五沙盖。

9월 2일。맑음。

그대로 머물렀다.

二日。晴。

仍留。

9월 3일。맑음。

그대로 머물렀다. 이날 경주(慶州)의 관원이 와서 만났다. 아침에
지진이 일어났다.

三日。晴。

仍留。是日, 慶州官人[141]來謁。朝地震。

9월 4일。아침에 흐렸다가 낮에 갬。

축시(丑時: 새벽 2시 전후)에 지진이 일어났다. 이날 두 천사가 관백
(關白)이 있는 곳으로부터 돌아왔는데, 상사(上使: 황신)와 부사(副
使: 박홍장)가 양 천사(楊天使: 양방형)의 아문(衙門)으로 가서 통사(通
事: 통역)를 시켜 안부를 물었다.

四日。朝陰午晴。

丑時地震。是日, 兩天使回自關白所, 上副使往楊天使衙門, 使
通事候問。

---

141 慶州官人(경주관인): 正使 黃愼의 활동을 기록한 《일본왕환일기》(졸역서, 보고
사, 2022)에 의하면, 張士秀임. 부산에서 매[鷹] 8쌍 및 豹皮·苧布·行具 雜物
을 가지고 왔다.

9월 5일。새벽에 비가 내리고 오후에 갬。

상사(上使: 황신)와 부사(副使: 박홍장)가 심 천사(沈天使: 심유경)의 아문(衙門)에 나아가 통사(通事: 통역)를 시켜 안부를 물었다.

포로로 잡혀 온 하동(河東)의 교생(校生) 정창세(鄭昌世) 등이 와서 말하기를, "7월 15일 사이에 오사개(五沙盖: 大阪, 오사카)·국도(國都: 교토) 등지에 백모(白毛: 흰털)가 비에 섞여 하늘에서 내리며 종일 토록 그치지 않아 괴이쩍어 가져다 보니, 길이가 1치 남짓이고 가늘 기는 말갈기 같았는데, 이 나라 사람들이 전하기로 모우(毛雨: 털비) 라고 하였다.

五日。晨雨晚晴。

上副使詣沈天使衙門, 使通事候問。被擄人河東[142]校生鄭昌世 等, 來言: "七月望間, 五沙盖·國都等地, 白毛交雨下天, 終日不 止, 怪而取見, 則長寸餘, 細如馬鬣, 國人相傳爲毛雨云。

9월 6일。맑음。

이날 관백(關白)이 말하기를, "조선 【이하 결락】

六日。晴。

是日, 關白曰: "朝鮮 【以下缺】

---

142 河東(하동): 경상남도 남서부에 있는 고을. 동쪽은 진주시·사천시, 서쪽은 전라
남도 광양시·구례군, 남쪽은 남해군, 북쪽은 산청군·함양군 및 전라북도 남원
시와 접한다.

9월 7일。 맑음。

술시(戌時: 저녁 8시 전후)에 지진이 일어났다。 상사(上使)와 부사
(副使)가 서로 보고 【결락】

七日。晴。

戌時地震。上副使相見 【缺】

9월 8일。 맑음。

축시(丑時: 새벽 2시 전후)에 지진이 일어났다。 상사(上使)와 부사
(副使)가 두 천사를 찾아가서 인사하고 【결락】

八日。晴。

丑時地震。上副使往拜兩天使 【缺】

9월 9일。 맑음。

축시(丑時: 새벽 2시 전후)에 지진이 일어났다。 평조신(平調信)이 와
서 상사(上使)와 부사(副使)를 만났다。 한낮에 배를 타고 사개(沙盖:
堺市, 사카이시)의 선창(船艙)으로 되돌아가 정박하였다。

九日。晴。

丑時地震。調信來見上副使。日午, 乘船回泊沙盖船艙。

9월 10일。 맑음。

돛을 올리고 아침 일찍 출발하여 병고(兵庫: 효고)에 도착하였다。
날이 어두워지자 평조신(平調信)의 배가 뒤따라오고, 여러 배들이
밤새도록 노질하였다。

十日。晴。

擧帆早發, 到兵庫。及昏, 調信船尾至, 諸船達夜櫓役。

9월 11일。맑음。

낮이 되어서야 무로(無露: 無老注, 室津, 무로쓰)에 도착하였고, 배 안에서 밤을 지냈다.

十一日。晴。

午到無露, 舟中經宿。

9월 12일。낮에 맑다가 밤에 비가 내림。

모든 배들이 머무르며 행장(行長: 소서행장)이 오기를 기다렸고, 평조신(平調信)이 상사(上使: 황신)와 부사(副使: 박홍장)에게 안부를 물었다.

十二日。晝晴夜雨。

諸船留待行長之來, 調信問安于上副使。

9월 13일。흐렸다 비 오다 함。

그대로 머물러 정박하였다. 이날 밤에 정직(正直: 景直의 오기, 平景直)이 왔다.

十三日。或陰或雨。

留泊。是夜, 正直[143]來。

9월 14일. 맑음.

그대로 머물러 정박하였다. 일행은 식량을 구하였다.

十四日。晴。

留泊。一行打粮[144]。

9월 15일. 맑음.

이날은 상사(上使: 황신)의 생일이었다. 모든 배들이 밤중에 출발하여 돛을 펼치고 일제히 나아갔다.

十五日。晴。

是日, 上使生朝。諸船夜發, 帆張齊行。

9월 16일. 잠깐 흐렸다가 잠깐 비가 내림.

아침이 되어서야 우창(牛倉: 牛窓, 우시마도)에 이르러 배를 정박하고 식량을 구하였다. 이때 행장(行長: 소서행장)이 사개(沙盖: 堺市, 사카이시)에서 왔다가 먼저 떠나갔다.

한낮에 우리나라 배들이 함께 출발하여 노질하여서 밤이 되어서야 상로포(霜露浦: 下津井, 시모츠이)에 도착하고 배 안에서 밤을 지냈다.

十六日。乍陰乍雨。

朝抵牛倉, 泊舟打粮。是時, 行長自沙盖來, 先行。日午, 我船

平景直. 일본 江戶시대 對馬島 島主의 家臣. 임진왜란 후 조선과 일본의 관계 개선에 큰 역할을 한 인물로, 조선과 일본이 국교를 재개한 1609년 己酉約條 체결에 지대한 공을 세운 인물이다.

144 打粮(타량): 식량을 구함.

偕發櫓役, 夜到霜露浦[145], 舟中經宿。

9월 17일. 맑음.

어젯밤에 바닷물이 얕은지 깊은지 알지 못하고 배를 선창(船艙)가에 정박시켰는데, 한밤중에 조수가 빠져 배가 언덕 위에 있게 되니 움직일 수가 없을 뿐만 아니라 배 밑바닥이 갈라져 틈이 생겼다. 조수가 밀려들어 오기에 이르러 바닷물이 스며들어 배에 가득하니 허둥지둥 어쩔 줄 몰라 할 즈음, 마침 다른 배가 급히 구해주어서 거처를 옮기고 물건들을 옮긴 연후에야 비로소 해진 옷으로 막아 배가 침몰하는 재난을 모면할 수 있었다.

오후에 출발해 노를 저어 밤이 되어서야 병포(柄浦: 鞆浦, 도모노우라)에 도착하고 배 안에서 밤을 지냈다.

十七日。晴。

昨夜, 未諳水之淺深, 泊舟倉邊, 夜半潮退, 則舟在岸上, 非惟不能動, 舟底破罅。及其潮入, 水漏滿船, 倉黃失措之際, 適他舟急捄, 移次遷物, 然後始戒濡袽[146], 得免臭載[147]之患。日晚發棹, 夜到柄浦[148], 舟中經宿。

---

145 霜露浦(상로포): 下津井. 시모쓰이. 일본 오카야마현(岡山縣) 구라시키시(倉敷市)에 있는 항구.

146 濡袽(유여): 물이 스며드는 배의 구멍을 해진 옷으로 막음.《周易》〈旣濟卦·六四〉에 "배의 물이 새는 틈을 헌 옷가지로 막는다.(濡有衣袽, 終日戒.)"는 말에서 인용한 것이다.

147 臭載(취재): 짐을 실은 배가 가라앉음.

9월 18일. 아침에 맑았다가 저녁에 비가 내림.

그대로 머물러 정박하였다. 일행이 식량을 구하였다.

十八日。朝晴暮雨。

留泊。一行打粮。

9월 19일. 비 오다 흐렸다 함.

돛을 펼치고 아침 일찍 출발하여 밤이 되어서야 가망가리(可望加里: 鎌지, 蒲지, 카마가리)에 도착하고 배 안에서 밤을 지냈다.

十九日。或雨或陰。

帆張早發, 夜到可望加里[149], 舟中經宿。

9월 20일. 아침에 흐렸다가 저녁에 비가 내림.

새벽에 출발하여 낮이 되어서야 상관(上關: 가미노세키)에 도착했는데, 비가 쏟아붓듯 내려 배 안에서 밤을 지새웠다.

二十日。朝陰暮雨。

早發, 午到上關, 雨下如注, 舟中經夜。

9월 21일. 아침에 맑았다가 저녁에 비가 내림.

그대로 머물러 정박하였다. 일행은 식량을 구하였다.

---

148 柄浦(병포): 鞆浦. 도모노우라. 일본 히로시마현(廣島縣) 후쿠야마시(福山市) 누마쿠마(沼隈) 반도 남단에 있는 항구와 그 주변 해역.

149 可望加里(가망가리): 앞에서는 可望介里로 표기됨.

二十一日。朝晴暮雨。

留泊。一行打粮。

9월 22일. 흐림.

그대로 머물러 정박하였다.

二十二日。陰。

留泊。

9월 23일. 맑음.

새벽에 출발해 주방(周防) 지역의 무로수미촌(無路水未村: 室積, 무
로즈미)에 도착하여 배를 정박하고 바람 불기를 기다렸다.

二十三日。晴。

朝發, 到周防地無路水未村[150], 泊舟待風。

9월 24일. 맑음.

역풍이 불어 어렵사리 주방(周防) 지역의 수포(水浦)에 도착하고
배 안에서 밤을 지새웠다.

二十四日。晴。

風逆, 艱到周防地水浦[151], 舟中經夜。

---

150 無路水未村(무로수미촌): 일본 야마구치현(山口縣) 히카리시(光市)의 室積. 무
로즈미. 항구도시이다.

151 水浦(수포): 水島인 듯. 미즈시마. 일본 야마구치현(山口縣) 방부시(防府市)의
항구.

9월 25일. 맑음.

상사(上使: 황신)과 부사(副使: 박홍장)가 서로 만나서 날이 저물어
서야 주방(周防) 지역의 끝에 있는 본산(本山: 모토야마)에 도착하고
배 안에서 밤을 지새웠다.

二十五日。晴。

上副使相見, 暮到周防地末本山[152], 舟中經夜。

9월 26일. 맑음.

새벽에 출발해 아침이 되어서야 적간하관(赤間下關: 시모노세키)에
도착하고 그대로 머물러 정박하였다.

二十六日。晴。

曉發, 朝到赤間下關, 留泊。

9월 27일. 맑음.

그대로 머물러 정박하고 배 안에서 밤을 지새웠다. 일행은 식량
을 구하였다.

二十七日。晴。

留泊, 舟中經夜。一行打粮。

---

152 本山(본산): 모토야마. 일본 야마구치현(山口縣) 산요오노다시(山陽小野田市)
    에 있는 항구 지역.

9월 28일。 잠깐 비가 내리다가 잠깐 갬。

그대로 머물러 정박하였다。

二十八日。乍雨乍晴。

留泊。

9월 29일。 흐렸다가 비가 내리기도 함。

그대로 머물러 정박하였다。 평의지(平義智)가 과일을 상사(上使:
황신)와 부사(副使: 박홍장)에게 보내왔다。

二十九日。或陰或雨。

留泊。義智以果物, 送餽上副使道。

9월 30일。 잠깐 개었다가 잠깐 비가 내림。

그대로 머물렀더니, 천총(千摠) 왕륜(王倫) 등 2명의 당장(唐將: 명
나라 장수)이 상사(上使: 황신)와 부사(副使: 박홍장)를 만났다。 일행은
식량을 구하였다。

三十日。乍晴乍雨。

留, 王千摠[153]等二唐將, 見上副使。一行打粮。

10월 1일。 맑음。

그대로 머물렀다。

---

153 王千摠(왕천총): 申炅의 《再造藩邦志》에 따르면, 王倫임。 그러나 구체적 인적
　　사항은 알 수가 없다。

十月初一日。晴。
留。

10월 2일。비。
그대로 머물렀다. 일행은 식량을 구하였다.
二日。雨。
留。一行打粮。

10월 3일。맑음。
그대로 머물렀다.
三日。晴。
留。

10월 4일。맑음。
모든 배들이 돛을 펼치고 아침에 출발하여 저녁이 되어서야 남도(藍島: 아이노시마)에 도착하고 배 안에서 밤을 지새웠다.
이날 정성(正成: 寺澤正成, 테라자와 마사시게)이 관백(關白)의 처소로부터 왔다.
四日。晴。
諸船張帆, 朝發暮到藍島, 舟中經夜。是日, 正成自關白所來。

10월 5일。맑았다가 비가 내리다가 함。
그대로 머물렀다. 일행은 식량을 구하였다.

五日。或晴或雨。
留。一行打粮。

10월 6일。비。

그대로 머물렀다.

六日。雨。
留。

10월 7일。아침부터 비가 내리다가 저녁에 갬。

그대로 머물렀다.

七日。朝雨暮晴。
留。

10월 8일。맑음。

그대로 머물렀다.

八日。晴。
留。

10월 9일。비。

새벽에 출발하여 낮이 되어서야 낭고야(浪古耶: 名護屋, 나고야)에
도착하고 배 안에서 밤을 지새웠다.

九日。雨。
曉發, 午到浪古耶, 舟中經夜。

10월 10일。 비。

그대로 머물렀다. 이날 정성(正成: 寺澤正成, 테라자와 마사시게)이 천사(天使: 명나라 사신)를 초청하여 잔치를 베풀었다.

十日。雨。

留。是日, 正成請天使設宴。

10월 11일。 맑음。

그대로 머물렀다. 이날 정성(正成)이 생선과 술을 상사(上使: 황신)와 부사(副使: 박홍장)에게 예물로 보내왔는데, 유지(油紙: 기름 종이) 같은 물품으로 답례하였다. 일행은 식량을 구하였다.

十一日。晴。

留。是日, 正成以魚酒, 送禮于上副使, 回以油紙等物。一行打粮。

10월 12일。 흐림。

그대로 머물렀다. 이날 아침 군관(軍官) 박정호(朴挺豪)·조덕수(趙德秀) 등에게 영을 내려 장계(狀啓)를 받들도록 하여 보냈다. 【역주자 주: 두 사람이 선조(宣祖)에게 고한 내용과 관련하여 《선조실록》 11월 6일 2번째 기사로 실려 있는바, 책 말미에 첨부할 것이다.】

十二日。陰。

留。是朝, 令軍官朴挺豪[154]·趙德秀[155]陪送狀啓。

---

154 朴挺豪(박정호, 생몰년 미상): 선조실록에는 興海 사람으로 出身하여 直長이

10월 13일。맑음。

천사(天使: 명나라 사신)의 배와 함께 돛을 펼치고 아침에 출발하여 낮이 되어서야 일기도(一岐島: 壹岐島, 이키시마)의 면라포(綿羅浦: 渡良浦, 와타라우라)에 도착하고 배 안에서 밤을 지새웠다. 낭고야(浪古耶: 名護屋, 나고야)에서 이곳까지는 130리이다.

十三日。晴。

偕天使船, 張帆朝發, 午到一岐島綿羅浦[156], 舟中經夜。自浪古耶至此, 一百三十里。

되었다는 기록이 있지만, 무과방목에서 그 이름을 찾을 수가 없음.

155 趙德秀(조덕수, 1561~?): 본관은 淳昌, 자는 俊卿. 아버지는 趙畔이다. 충청북도 괴산에 거주하였다. 1599년 무과에 급제하였다. 1592년 임진왜란이 일어나자 趙服, 趙德儉 등과 더불어 의병을 일으켜 소이 우목야에서 벌어진 전투에서 활약하였다. 그 후 守門將이 되었고, 1596년 黃愼의 軍官과 宣傳官을 지냈다. 임진왜란에서의 공을 인정받아 1605년 宣武原從功臣에 錄券되었으며, 1607년 三水府使를 역임하였다. 무과방목에는 거주지가 괴산이나, 선조실록에는 김제 출신이라고 한바, 이에 대한 검토가 필요하다.

156 綿羅浦(면라포): 渡良浦. 와타라우라. 壹岐島의 남서 지역에 있는 항구.

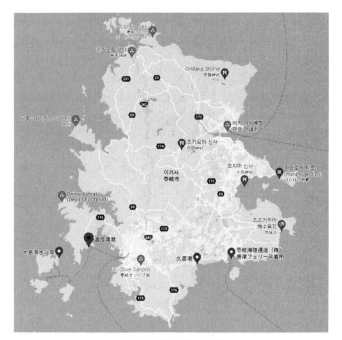

도랑포항(渡浪浦港: 綿羅)

10월 14일. 맑음.

그대로 머물렀다. 민가(民家) 30여 호가 바닷가를 따라 살았는데,
선창(船倉)이 넓게 트여서 300여 척의 배를 수용할 만하였다.

十四日。晴。

留。氓戶三十餘家, 沿水而居, 船倉寬濶, 可容三百餘艘。

10월 15일. 맑음.

아침에 출발하여 낮이 되어서야 일기도(一岐島: 壹岐島, 이키시마)

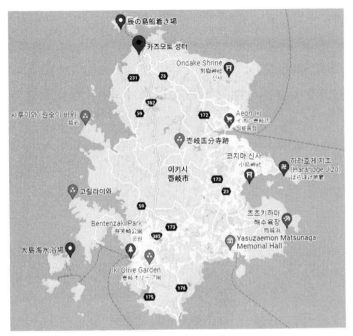

가츠모토우라(勝本浦港)

의 풍본포(風本浦: 勝本浦, 가쓰모토우라)에 도착하고 배 안에서 밤을
지새웠다. 면라포(綿羅浦: 渡良浦, 와타라우라)에서 이곳까지는 80리
이다. 이날 아침에 일행은 식량을 구하였다.

　十五日。晴。

　朝發, 午到一岐島風本浦[157], 舟中經夜。自綿羅至此, 八十里。

---

157 風本浦(풍본포): 勝本浦. 가쓰모토우라. 壹岐島의 최북단에 있는 항구. 과거
　　고래잡이로 번성했고 지금은 오징어잡이가 번성한 곳이다.

是朝, 一行打粮。

10월 16일。비。

그대로 머물렀다. 행장(行長: 소서행장)이 과일을 상사(上使: 황신)
와 부사(副使: 박홍장)에게 예물로 보내왔다.

十六日。雨。

留。行長以果物, 送禮于上副使道。

10월 17일。흐림。

그대로 머물렀다. 오후에 상사(上使)와 부사(副使)가 서로 만났다.

十七日。陰。

留。日晚, 上副使道相見。

10월 18일。맑음。

그대로 머물렀다.

十八日。晴。

留。

10월 19일。맑음。

그대로 머물렀다.

十九八。晴。

留。

10월 20일。흐림。

그대로 머물렀다.

二十日。陰。

留。

10월 21일。비。

그대로 머물렀다. 일행은 식량을 구하였다.

二十一日。雨。

留。一行打粮。

10월 22일。맑음。

그대로 머물렀다.

二十二日。晴。

留。

10월 23일。맑음。

그대로 머물렀다. 일행은 식량을 구하였다.

二十三日。晴。

留。一行打粮。

10월 24일。아침에 맑았다가 저녁에 흐림。

그대로 머물렀다.

二十四日。朝晴暮陰。

留。

10월 25일。 흐렸다가 비 오다가 함。

새벽에 출발하여 저녁이 되어서야 대마도(對馬島)의 부중(府中: 후
추, 현재의 이즈하라)에 도착하였는데, 평조신(平調信)과 평의지(平義
智) 등이 상사(上使: 황신)와 부사(副使: 박홍장)에게 안부를 물었다.
이날 저녁에 두 사또(使道)는 경운사(慶雲寺: 케이운지)에 묵었다.
왜인이 【결락】 저녁식사와 찻상을

二十五日。或陰或雨。

曉發, 夕到對馬島府中, 調信·義智等, 問候上副使道。是夕,
兩使下舍慶雲寺。倭 【缺】 夕飯茶床。

10월 26일。 흐림。

그대로 부중(府中)에 머물렀다. 이날 평의지(平義智)가 연회에 두
천사(天使: 명나라 사신)를 청하였다.

二十六日。陰。

留府中。是日, 平義智請宴兩天使。

10월 27일。 비。

그대로 머물렀다.

二十七日。雨。

留。

10월 28일。비。

그대로 머물렀다.

二十八日。雨。

留。

10월 29일。비。

그대로 머물렀다.

二十九日。雨。

留。

11월 1일。

【결락】

十一月初一日。

闕

11월 2일。맑음。

배에서 내려 밤을 지새웠다.

二日。晴。

下船經夜。

11월 3일。흐림。

아침에 배를 출발하여 대양(大洋)으로 나갔으나 부중(府中: 후추,
현재의 이즈하라)으로 되돌아와 정박하였다.

三日。陰。
朝發船開洋，還泊府中。

11월 4일。흐렸다가 눈이 내렸다가 함。

그대로 부중(府中)에 머물렀다。
四日。或陰或雪。
留府中。

11월 5일。맑음。

그대로 부중(府中)에 머물렀다。
五日。晴。
留府中。

11월 6일。맑음。

아침에 배를 출발하여 밤이 깊어서야 서포(西浦: 西泊, 니시도마리)
에 도착하고 배 안에서 밤을 지새웠다。
六日。晴。
朝發船，夜深到西浦，舟中經夜。

11월 7일。맑음。

아침 일찍 출발하여 노질하였으나【결락】동쪽 봉우리에 높이 망
대(望臺)를 지었다。이곳에서 부산(釜山)까지는 뱃길로 480리이다。
인가(人家)는 10여 호에 지나지 않았다。

七日。晴。

早發櫓役【缺】東峰高作望臺。自此至釜山, 水路四百八十里。

人戶不過十餘家矣。

11월 8일。아침에 맑았다가 저녁에 흐름。

그대로 대포(大浦: 오우라)에 머물렀다. 일행은 식량을 구하였다.

八日。朝晴暮陰。

留大浦[158]。一行打粮。

11월 9일。아침에 맑았다가 저녁에 비가 내림。

그대로 대포(大浦: 오우라)에 머무르며 바람 불기를 기다렸다.

九日。朝晴暮雨。

留大浦, 待風。

11월 10일。

비바람이 크게 일었다.

十日。

風雨大作。

11월 11일。흐렸다가 눈 내렸다가 함。

거센 바람이 불었다.

---

158 大浦(대포): 오우라. 일본 長崎縣 對馬市 카미쓰시마 쵸(上對馬町)에 있는 항
구. 임진왜란 때 조선을 침략하기 위해서 일본의 군선이 집결된 곳이었다.

十一日。或陰或雪。

大風。

11월 12일。맑음。

거센 바람이 불어 대포(大浦: 오우라)에 머무르며 순풍을 기다렸다.

十二日。晴。

大風, 留大浦, 待風。

11월 13일。맑음。

대포(大浦)에 머무르며 바람 불기를 기다렸다.

十三日。晴。

留大浦, 待風。

11월 14일。흐림。

거센 바람이 불어서 그대로 머물며 순풍을 기다렸다.

十四日。陰。

大風, 留待風。

11월 15일。흐렸다가 맑았다가 함。

거센 바람이 불어서 그대로 머물며 순풍을 기다렸다.

十五日。或陰或晴。

大風, 仍留候風。

11월 16일。흐림。

그대로 머물며 바람 불기를 기다렸다.

十六日。陰。

留, 待風。

11월 17일。맑음。

모든 배들이 함께 출발하였는데, 대양(大洋) 가운데서 바람의 세기가 순하지 않아【결락】

十七日。晴。

諸船俱發, 大洋中風勢不順【缺】

11월 18일。맑음。

거센 바람이 불어 그대로 머물렀다. 낮에 부산(釜山)에서 이곳에 도착하여【결락】행차를 맞이하려는 노마(奴馬)가【결락】

十八日。晴。

大風仍留。午自釜山到此【缺】行次逢迎奴馬【缺】

11월 19일。맑음。

바람이 몹시 사납게 불어서 그대로 배 안에 머물렀다.

十九日。晴。

風惡, 仍留舟中。

11월 20일。 맑음。

거센 바람이 불어서 그대로 배 안에 머물렀다.

二十日。晴。

大風, 仍留舟中。

11월 21일。 맑았다가 흐렸다가 함。

그대로 머물렀다.

二十一日。或晴或陰。

仍留。

11월 22일。 맑음。

그대로 머무르며 바람 불기를 기다렸다.

二十二日。晴。

仍留候風。

11월 23일。 맑음。

진시(辰時: 아침 8시 전후)에 배를 출발하여 천사(天使: 명나라 사신)의 두 행차가 【결락】 대포(大浦: 오우라)로 되돌아가 정박하였다고 하였다. 우리나라의 두 사또(使道)는 【결락】 가운데 부산(釜山)에 도착해 정박하였다.

二十三日。晴。

辰時發船, 天使兩行 【缺】 回泊于大浦云。我國兩使 【缺】 中到泊于釜山。

【후지(後識)¹⁵⁹】

이《동사록(東槎錄)》1질은 곧 사신(使臣)으로서 명을 받들었던 종증조(從曾祖: 박홍장)가 항해했을 때의 일기이다. 이 일기가 누구의 손에서 지어졌는지는 지금 알지 못하나 그 어세를 자세히 살펴보니, 필시 사명(使命)을 받들었던 공(公: 박홍장)의 휘하에서 사관(史官)의 임무를 맡은 자가 기록한 것 같다. 일기에서 날씨의 변화(흐림·맑음·바람·비), 길의 이수(里數), 거처한 곳 등 기록하여 자세하지 않은 것이 없었으나, 사명을 받들었던 공(公)이 두루 묻고 의논하여 계책을 세우느라 말과 행동을 하고 표정을 짓는 즈음에 배에 같이 탄 사람들을 진정시키거나 금수 같은 오랑캐를 거듭 겁먹게 한 것이 충분히 있었을 것인데도 도리어 미처 언급할 겨를이 없었으니 심히 안타까운 일이다. 또 그 초본(草本: 원본)이 먼지가 쌓이고 좀먹고 그을음이 낀 속에서 나온 나머지 군데군데 찢어져 갈피를 잡아 알아내기 힘들어 읽을 수가 없으니 이 또한 거듭 한탄스러운 일이다. 그러나 족히 그대로 남아 있는 것으로 인하여 그 없어진 것을 알 수가 있고, 그 기록된 것을 보고 그 기록되지 않은 것을 미루어 생각할 수 있으니, 이에 사명을 받들었던 공(公)이 남긴 자취 끝에 덧붙이면서 그 떨어져 나간 곳은 그대로 놔두었고, 글의 내용이 난잡하거나 속된 것 또한 고쳐서 바로잡지 않았다. 대체로 그 사실을 없애지 않고 후세에 전하여 알리려는 것이기 때문이다. 【협주: 또 살피건대

---

159 朴潚(1624~1699)의《僴齋先生文集》권2 〈識〉에 〈東槎錄後識〉로 명명되어 있음. 박호는 朴毅長의 증손자이다.

존재(存齋: 이휘일)가 지은 행장(行狀) 속에 '왜인이 사신을 해치고자 했으나 마침 모우(毛雨: 털비)가 내리는 재변이 있자 관추(關酋: 關白 豐臣秀吉)가 재앙을 두려워하여 그만두었다.'라고 한 말이 있었고, 학사(鶴沙) 김응조(金應祖)가 지은 묘갈(墓碣) 또한 그것을 그대로 썼다. 지금 일기를 상고하건대, 모우(毛雨)가 내린 이변은 병신년(1596) 7월에 있었으나 사명을 받들었던 공이 일본의 국도(國都: 교토)에 들어갔을 때가 오히려 이 해 윤8월이었으니, 피차 서로 모순되는 듯하다. 그러나 주문공(朱文公: 주자)의 연보(年譜)를 본 적이 있었는데 선생의 임종한 날에 거센 바람으로 인하여 나무가 뽑히고 거친 파도로 인하여 바닷가를 휩쓴 이변이 있었다고 기록되어 있었으나, 축목(祝穆: 주희의 처조카이자 제자)의 개인적인 기록에서 이미 사실을 잘못 알았던 것으로 판명하였으니, 사실을 기록한 것이 서로 차이가 있음은 괴이할 것도 없다.】

　右東槎錄一帙, 迺奉使曾叔祖, 航海時日記也. 今不知其出於誰手, 而詳其語勢, 必奉使公管下, 掌史者所錄也. 其陰晴·風雨·道里·次舍[160], 記之非不詳, 而奉使公咨諏[161]詢謀[162]之間, 言動容色之際, 有足以鎭服同舟·疊讐異類者, 反不暇及焉, 甚可惜也. 且其草本, 出於塵蠹炱煤之餘, 泄泄[163]斷爛[164]黜昧[165], 有不可讀, 是

---

160 次舍(차사): 次는 下吏가 直宿하는 곳. 舍는 그들이 있는 관청. 여기서는 거처한 곳을 일컫는다.

161 咨諏(자추): 두루 묻고 의논해야 하는 사신의 일을 말함. 사신을 전송하는 노래인 《詩經》〈皇皇者華〉의 "달리고 또 달리며 두루 묻고 의논하네.(載馳載驅, 周爰咨諏.)"에서 나온 말이다.

162 詢謀(순모): 계책을 물음. 물어 계책을 세움.

又重可歎爾。然猶足以因其存而識其亡, 觀其所記而想像其所不
記, 玆用附著于奉使公遺蹟之末[166], 而其殘缺處則闕之, 詞之蕪
猥俚俗者, 亦不盡芟正。蓋欲不沒其實, 以傳信於後云爾。【又按
存齋[167]所撰行狀中, 有曰: '倭欲加害使臣, 適有毛雨之變, 關酋懼
災而止之.'語, 金鶴沙[168]撰墓碣亦因之。今以日記考之, 雨毛之
異, 在丙申七月中, 而奉使公入日本國都時, 仍是年閏八月也, 彼
此似牴牾[169]。然嘗見朱文公[170]年譜, 記先生易簀[171]之日, 有大風

---

163 洼洼(왕왕): 군데군데. 곳곳이.

164 斷爛(단란): 여러 조각으로 찢어짐.

165 黤昧(알매): 사실을 갈피 잡아 알아내기 힘듦.

166 遺蹟之末(유적지말): 名護屋城박물관 소장 朴毅長《觀感錄》은 문집을 간행하
기 위한 초고본으로 첨삭 양상까지 보이는 귀중 문헌인데, 이 문헌의 부록으로
박홍장의 〈행장〉과 〈묘갈명〉 뒤에 병신년 〈동사록〉이 실린 것을 일컬음. 처음에
는 편제 속에 포함되어 있었으나 어떤 사정에 따라 국내의 〈관감록〉처럼 〈동사
록〉이 수록되지 않은 채로 간행되었으니, 이에 대한 면밀한 검토가 필요하다.

167 存齋(존재): 李徽逸(1619~1672)의 호. 본관은 載寧, 자는 翼文.《근사록》·《심
경》·《성리대전》·《역학계몽》·《퇴계집》등을 연구하였다. 성리설·經學, 천문·지
리·曆法·易學 등에 조예가 깊었다. 喪祭儀禮의 제도와 節目을 상세히 연구하
여, 習俗의 폐단을 시정하였다. 이 협주를 붙인 사람은 박의장의 증손자 박호가
아니며, 또 다른 무안박씨 후손인 것으로 추측된다.

168 鶴沙(학사): 金應祖(1587~1667)의 호. 본관은 豊山, 자는 孝徵, 호는 啞軒. 안
동 출신. 1613년 생원시에 합격했으나, 광해군의 정치를 피해 문과 응시를 포기
하고 張顯光의 문하에서 학문에 힘썼다. 1623년 인조가 즉위하자 알성문과에
급제했다. 그 뒤 병조정랑·흥덕 현감·선산 부사를 지냈다. 1637년 청나라 사신
의 빈번한 출입으로 재정이 곤란해지자, 접대비 염출을 위해 환곡의 이자 가운데
일부를 중앙 관아에서 쓰게 하는 삼분모회록법을 제안하여 이를 시행하게 했다.
효종 초에 사간·동부승지·좌부승지·공조 참의를 거쳐 1662년 대사간·한성부
우윤에 이르렀다.

拔木·洪濤捲岸之異, 而祝穆[172]私識, 已辨其失實, 則記事之互有
異同, 無足怪矣.】

---

169 牴悟(저오): 서로 모순됨.

170 朱文公(주문공): 南宋의 유학자 朱子를 가리킴. 이름은 憙이고, 지금의 安徽省
사람이다. 宋나라의 大成者이며 그의 학문을 朱子學이라고도 한다.

171 易簀(역책): 曾子가 죽을 때를 당하여 삿자리를 바꾸었다는 옛일에서, 학식과
덕망이 높은 사람의 죽음이나 臨終을 이르는 말.

172 祝穆(축목): 송나라 建寧府 崇安 사람. 초명은 丙, 자는 和甫이다. 어릴 때 고아
가 되어 동생 祝癸와 함께 姑夫 朱熹에게 배웠다. 은거해 벼슬하지 않고 학문에
전념하여 儒學으로 일가를 이루었다.

부록

통정대부 행 상주목사 박공 행장

이휘일(1619~1672)

증조부 증직 통훈대부 사복시정(司僕寺正) 이름 지몽(之蒙)

증조모 숙인(淑人) 야성박씨(野城朴氏)

조부 증직 통정대부 공조참의(工曹參議) 이름 영기(榮基)

조모 숙부인(淑夫人) 단양신씨(丹陽申氏)

부친 증직 자헌대부 병조판서(兵曹判書) 행 영일현감(迎日縣監) 이름
세렴(世廉)

모친 정부인(貞夫人) 영양남씨(英陽南氏)

공(公)의 이름은 홍장(弘長), 자는 사임(士任), 그 선조는 무안인
(務安人)이다. 가정(嘉靖) 무오년(1558)에 영해부(寧海府) 원구리(元丘
里)의 집에서 태어났다. 만력(萬曆) 경진년(1580) 무과에 급제하여
아이 만호(阿耳萬戶)를 거쳐 선전관(宣傳官)·제주 판관(濟州判官)·
영암 군수(靈巖郡守)·대구 부사(大丘府使)를 역임하였다. 대구 부사
에서 승진하여 군자감 정(軍資監正)이 되었고 또 장악원 정(掌樂院
正)에 제수되었다. 얼마 되지 않아 일본 통신 부사(日本通信副使)를
담당하고 돌아오자, 순천 부사(順天府使)에 임명되었으나 대구의 부
민(府民)들이 상소를 올려 머물러 있게 해달라고 간청한 것으로 인
하여 그대로 대구 부사를 맡았지만, 병으로 벼슬을 버리고 돌아왔

다. 얼마 후 상주 목사(尙州牧使)에 임명되었으나 병으로 부임하지
못하고 무술년(1598) 1월 3일에 집에서 세상을 떠났으니, 향년 41세
였다. 그해 2월 5일 초수동(椒水洞)의 선영 옆 모좌모향(某坐某向)의
언덕에 안장하였다.

집안일을 처리할 자식이 없었던 데다 공의 은의(恩誼)를 입은 자
로서 그 사적을 잘 말해주는 자가 없었으니, 당시의 일과 공로를
자세히 알 수가 없었다. 공(公)이 세상을 떠난 지 61년 지난 뒤에
공(公)의 측실(側室) 자식인 박래(朴琜)의 아들 박문징(朴文徵)이 비
로소 그의 아비가 남긴 기록과 사람들로부터 칭송받는 것으로 믿을
만한 것들을 거두고 모아 와서 이휘일(李徽逸)에게 행장을 청하며
그것들을 늘어놓았다. 휘일이 같은 고을에 늦게 태어났으나 공(公)
의 가문에 데릴사위가 되었으니, 공(公)의 사적을 들어 가장 자세히
알고 있어서 이에 감히 사양할 수가 없었다.

공(公)은 영특함이 우뚝 빼어났으며, 의표(儀表)가 준엄하고 정돈
되었으며, 용모가 준수하고 마음이 넓었으며, 기상이 엄숙하고 말
이 과묵하였으니, 약관(弱冠)이었음에도 관상을 보는 자가 공을 보
고 말하기를, "참으로 명장이다."라고 하였다. 일찍이 제주 판관(濟
州判官)이었을 적, 기이한 볼거리와 보물이 많기로 이름났으나 공
(公)은 한 번도 묻는 바가 없이 낮에는 활쏘기에 전념하고 밤에는
반드시 글을 읽었다. 병서(兵書)와 사기(史記)를 읽는 것은 습관적으
로 몸에 배지 않음이 없었으며, 소학(小學) 읽기를 더욱 좋아하여
말하기를, "이 한 책은 군부(君父)가 주신 것이다."라고 하였다. 왕
자(王子)가 노복을 보내어 말을 사도록 하면서 제주 백성들을 침탈

하는 일이 있었으나 제주 목사(濟州牧使)가 그것을 금하지 못하였는
데, 공(公)이 죄를 물어 벌하면서 조금도 용서하지 않았으니, 온 제
주의 백성들이 놀라 떨며 반드시 기막힌 화(禍)가 있으리라 여겼으
나 마침내 무사하였다. 임진년(1592) 임기를 채우고 교체되려는데,
왜란을 만나서 조방장(助防將)이 되어 머무르게 되었다. 대가(大駕)
가 관서 지방으로 피난 갔다는 소식을 듣고 눈물을 흘리며 침실에
들지 않고서 말하기를, "주상(主上)이 도성을 떠나 피난길에 나섰는
데, 신하가 어찌 마음 편히 있으랴?"라고 하였다. 이때 공(公)의 형
인 절도사공(節度使公) 박의장(朴毅長)이 경주 판관(慶州判官)이었는
데, 처음 왜적을 맞닥뜨려 순조롭지 못하다는 소식을 공(公)이 듣고
대성통곡하며 말하기를, "우리 집안이 대대로 나라의 은혜를 받았
으니 마땅히 서둘러서 목숨을 바쳐야 할 것이나, 동생은 이곳에 매
여 있고 형은 또 패전하여 평소 나라의 은혜 갚으려는 바람과 어긋
났도다. 어찌 하늘의 해를 바라볼 수 있으랴?"라고 하고는 며칠 동
안 아무것도 먹지 않았다. 그러다가 경주의 승전 소식을 듣게 되자
마자, 칼을 차고 일어나 말하기를, "나의 형님이 과연 이같이 하셨
도다."라고 하였다. 제주에 있으면서 판서공(判書公: 박세렴)의 부음
(訃音)을 들었으나 나랏일이 바야흐로 위급하여 감히 마음대로 돌아
올 수가 없었기 때문에 너무 슬퍼하다가 상하여 병이 났는데, 대부
인(大夫人: 영양남씨)이 상언(上言)하여 애걸하니 벼슬을 내어놓고 돌
아오라는 특명이 있었다. 공(公)이 특명을 듣고 급히 돌아오는데,
바람과 파도를 무릅쓰고 앞으로 나아가느라 배가 거의 뒤집힐 뻔했
으나 다행히 모면하였다.

　귀향하던 도중 해남(海南)에 이르러 영암 군수(靈巖郡守)로 제수하는 명이 있었다는 말을 듣고 부임한 지 몇 달이 되지도 않았는데, 조정에서 대구(大丘)가 영남(嶺南)의 요충지대라 하며 공(公)을 첫째로 추천하니 대구 부사(大丘府使)가 되었다. 이때 서애(西厓) 류 상공(柳相公: 柳成龍)이 의정부에 있으면서 아뢰기를, "신임 부사 박홍장은 곧 박의장(朴毅長)의 동생이고 무장(武將) 중에서도 이름이 가장 널리 알려져 있으니, 다른 직무는 맡기지 말고 대구부를 수리하고 기르는 일에만 전념케 함이 옳을 것이옵니다."라고 하였다. 공(公)이 이에 마음을 다하고 애태우며 전쟁의 상처를 입은 이들을 어루만졌으며, 이어서 백성을 모집하여 둔전(屯田)을 경작하게 하면서 이웃 고을의 씨앗 곡식 몇 섬을 빌려 뿌리게 하고는 죽과 장을 실어다가 친히 먹이고 경작을 감독하였는데, 가을에 과연 큰 풍년이 들었으니 섬으로 계산해도 무릇 3,000여 남짓 되었다. 이 때문에 점점 비축하는 것이 있게 되자 명나라 구원병을 접대하고 굶주린 백성을 진휼할 수가 있었으니, 우뚝하게 동남 지역의 거진(鉅鎭)이 되어 능히 왜적의 허리 부분을 제압하여 제멋대로 하지 못하도록 한 것은 정말로 공(公)의 힘을 입은 것이었다. 마침내 승진하여 군자감 정(軍資監正)과 장악원 정(掌樂院正)이 되었으니, 모두 조정에서 공적을 견주며 부지런히 수고한 사실을 환히 드러낸 것인데도 공(公)을 끝내 미처 대구부(大丘府)에서 떠나지 못하도록 한 것은 아마도 공(公)이 아니면 고을을 다스릴 수가 없었기 때문이리라.

　상공(相公) 이원익(李元翼)이 체찰부(體察府)를 경상도(慶尙道)에 개설하고 장차 모든 군대를 합동 훈련하고자 하면서 공(公)에게 격문(檄文)을 보내어 중군(中軍)으로 삼았다. 공(公)이 마침 외부에 나가 있어 미처 돌아오지 못하였지만, 이틀 길을 하루에 달려 서둘러 왔다. 공(公)은 평소 준마(駿馬) 3마리를 길렀는데, 이날 직접 그 한 마리를 탔고 다른 한 마리에는 활과 화살을 실었고 또 다른 한 마리에는 병기(兵器)와 의장(儀仗)을 실었지만, 아울러 말머리를 나란히 하여 나는 듯이 달려왔다. 온 군대가 다 놀랐고 체찰사 또한 일어나보며 말하기를, "진실로 이른바 모는 사람과 달리는 말이 서로 걸맞도다."라고 하였다. 이윽고 도착하자, 체찰사(體察使)가 위로하여 말하기를, "공(公)이 유능하다는 평판은 이미 들었거니와, 말까지도 힘써 익숙해졌으니 어떻게 이같이 할 수 있었느냐?"라고 하였다. 공(公)이 대답하기를, "소관(小官)이 임진년의 변란을 당하여 머나먼 섬에서 팔장을 끼고 한 가지도 공적을 성취하지 못했는데, 지금까지 왜구의 전란이 그치지 않았으니 말이 쉴 새 없이 치달리는 힘에 의지하여 조그마한 공이라도 이루기를 바랐으므로 이 말들을 구해 훈련하여서 이에 이르게 된 것입니다."라고 하였다. 체찰사가 얼굴빛을 바로잡고서 들었다.

병신년(1596) 명나라 조정에서 일본에 사신을 보내어 평수길(平秀吉: 豐臣秀吉)을 국왕으로 책봉하려고 하였는데, 명나라 유격장(遊擊將) 심유경(沈惟敬)이 우리나라 사신을 동행하도록 요구하였으니 두 나라를 조정하여 전쟁을 그치게 하려는 계획이었다. 우리나라 조정에서는 황신(黃愼)을 상사(上使)로 삼고, 공(公)을 당상관으로 승진시켜 부사(副使)로 삼았다. 이때 왜군들이 아직 부산(釜山)에 주둔해있고 왜적의 상황을 헤아리기가 어려웠으니, 사람들은 모두 불안하여 술렁이고 두려워하면서 가면 반드시 죽을 것이고 돌아오지 못할 것으로 여겼다. 그러나 공(公)은 개의치 않고 서둘러 행장(行裝)을 꾸려 길을 나섰다. 출발하려 하자 친척 중에 누군가가 눈물을 흘리며 옷깃을 부여잡으니, 공(公)이 말하기를, "신하가 어명을 받들고 국경을 나가면 오직 나랏일이 제대로 마치지 못할까만 걱정할 일이지, 어찌 내 목숨이 살까 죽을까를 염려하랴? 너희들은 걱정하지 말아라."라고 하였다.

오사개(五沙蓋: 大阪, 오사카) 포구에 도착하니, 왜장 평조신(平調信)이 와서 관백(關白)의 말을 전한다며 모일(某日)에 사신들을 접견할 것이라고 약속하였다. 얼마 되지 않아서 평수길이 이미 전한 말을 고쳐 말하기를, "우리나라가 상국(上國: 중국)과 통하려 하였으나 조선이 막고서 그 사정을 알리지 않더니, 심 유격(沈遊擊)이 상국과 일본을 조정하려 하였으나 조선이 백방으로 저지하고 어지럽혔다. 또 우리가 조선의 왕자를 놓아 돌려보냈는데, 조선은 마땅히 왕자를 보내어 사례하게 해야 하거늘 사신도 벼슬이 낮은 자이니, 이는 나를 업신여기는 것이다."라고 하였다. 그 말이 도리에 심히 어긋나고 방자하니, 들은 사람들이 매우 두려워하여 국서를 전달하려다가는 반드시 죽일 것이라며 마땅히 여기서 머물러 기다려야 한다고 하였다. 그러나 공(公)이 상사(上使: 황신)에게 말하기를, "기왕에 어명을 받들고 이곳에 왔으니, 비록 만 번 죽는 일이 있을지라도 어찌 의심을 품고 전달하지 않아서 거듭 어명을 욕되게 할 수 있겠습니까?"라고 하였다. 즉시 상사와 더불어 돛을 올려 곧바로 관백(關白)이 있는 곳으로 갔다.

그곳의 장수인 청정(淸正: 가등청정)이 병기(兵器)를 들고 빽빽이 둘러쌌으며 원문(轅門: 軍門) 밖으로 몇 리를 모두 화려한 비단으로 깔아서 빛나게 하였으니, 사람들 모두 간담이 떨리고 눈이 아찔하여 감히 말을 타고 갈 수 없었다. 공(公)이 홀로 말을 채찍질하여 내달려서 무인지경에 들어가는 것과 같으니, 왜장들이 서로 보며 탄식하여 말하기를, "조선에는 사람이 있다."라고 하였다. 청정(淸正)이 양사(兩使: 상사 황신와 부사 박홍장)를 각기 따로 묵게 하여 서로 왕래할 수 없게 하였지만, 공(公)이 문지기에게 상사(上使)를 보게 되면 동요함이 없도록 권면해달라고 부탁하였다. 매일 새벽에 일어나서 반드시 의관(衣冠)을 정제하고 엄숙하게 단정히 앉아서 의기양양한 것이 평소와 같았으니, 일행이 그에 힘입어 저절로 안정되었다.

하루는 청정(淸正)이 땅바닥에 숯불을 이글이글 피워놓고 사람을 시켜 말하기를, "나는 장차 사신들을 불꽃 위에 앉힐 것이다."라고 하자, 공(公)이 답하여 이르기를, "내가 옷을 벗고 나아가겠다."라고 하였다. 뒤따르던 족인(族人: 겨레붙이)이 울면서 앞으로 나아와 말하기를, "참혹하게 불태워지는 것이 경각에 달렸으니 장차 어찌하시렵니까?"라고 하며 목메도록 울어서 소리조차 나오지 않았다. 공(公)이 노해 꾸짖어 말하기를, "국서를 미처 전하지 못하였으니 직분상 마땅히 목숨을 천운에 맡겨야 할 것인데, 너는 아직도 죽는 것이 두려운 것이냐?"라고 하고는, 그를 끌어내 매질을 하였다. 왜인들이 그것을 보고 모두 놀랐다.

때마침 하늘에서 우모(雨毛: 털비)가 내려 땅에 쌓이자, 관추(關酋: 關白)가 재변을 두려워하여 감히 해치지 못하고 명나라 사신 양방형

(楊邦亨: 楊方亨)·심유경(沈惟敬) 등과 아울러서 함께 우리 사신들이 돌아가게 하였으며, 또 말하기를, "다시 군사들을 동원하여 계속해서 내보내겠다."라고 하였다. 공(公)이 명나라 사신에게 나아가 뵙고 말하기를, "우리들이 아직 어명을 전하지도 못하였는데 또 듣건대 다시 악독한 계책을 부리겠다고 하니 제때 장계(狀啓)를 급히 올리지 않을 수 없소이다."라고 하자, 명나라 사신이 말하기를, "우리가 주문(奏聞)하기를 기다렸다가 한꺼번에 보내는 것이 좋겠소."라고 하였다. 아마도 심유경이 본디 임시 미봉으로 양쪽 사이에서 우호 관계를 이루고자 하였으나 일이 끝내 뜻대로 되지 않으니, 자신이 죄를 입고 처형될까 두려워서 고의로 아뢰는 것을 늦추는 것이리라. 공(公)이 굳이 청하여 말하기를, "소방(小邦: 조선)은 천조(天朝: 명나라)와 형편이 달라서 하루라도 빨리 알려야 하루라도 빨리 대비할 것이니 늦출 수가 없는 일이외다."라고 하였으나, 명나라 사신은 끝내 듣지 않았다. 공(公)이 상사(上使: 황신)와 모의하며 말하기를, "차라리 명나라 사신들에게 책망을 들을지언정 나랏일을 그르쳐서는 안 됩니다."라고 하면서 몰래 군교(軍校)를 보내어 적의 상황을 먼저 장계(狀啓)로 알렸다.

공(公)이 장차 돌아오려 하자, 일본에서 선물로 보낸 것이 심히 많았으나 모두 물리쳤으며, 수행원의 행장(行裝)을 수색하여 왜도(倭刀) 2자루가 있자 즉시 청정(淸正)에 돌려주었으며, 행낭에는 단지 일본 지도 및 옷과 이불만 있을 뿐이었다.

공(公)이 대구에 있을 때부터 이미 근심으로 초췌하다가 병이 되었는데, 일본에서 돌아온 뒤로는 병이 더욱 심해져 대구로부터 실려서 집에 돌아왔으나 끝내 병을 떨치고 일어나지 못하였다. 사람들이 따르는 덕망이 바야흐로 융성하려는데 하늘이 갑자기 데려가니, 원근에서 탄식하고 슬퍼하며 나라의 불행으로 여겼다. 공(公)의 위엄은 범할 수가 없었고, 미워하지 않는데도 사람들이 두려워하였지만, 백성을 대하여 다스릴 때는 말이 부드러우면서도 오히려 상하게 하는 것이 있을까 염려하였다. 제주(濟州)에 있었던 것이 6년, 대구(大丘)에 있었던 것이 3년이었는데, 은혜로운 덕택을 흡족하게 끼치니 백성들이 부모같이 여기고 모두 혜택비(惠澤碑)를 세워 칭송하였다. 세상을 떠난 뒤에 마구간을 보니 오직 전마(戰馬) 3필만 있었고, 곳집을 보니 활과 화살 몇 상자만 있었을 뿐, 그밖에 쌓아둔 것은 없었다.

공(公)은 무예를 궁구하여 백발백중이고, 초서와 예서를 잘 쓰고 문장 짓기를 잘하여 모두 남들보다 뛰어났지만, 공(公)이 중히 여기는 것은 아니었다. 무릇 옛사람들의 가르침을 기뻐하고 재물을 가벼이 여긴 것은 청심(淸心)이고 고을 해치는 것을 없애려 강포한 자도 두려워하지 않은 것은 용맹심(勇猛心)이며, 뼈와 살이 깎이도록 나라를 견고히 하는데 애쓴 것은 지극한 혜택[至惠]이고 원수의 궁정에 가는 사명(使命)을 받들어 죽음에 임해서도 두려워하지 않은 것은 큰 절개[大節]이다. 무릇 이런 몇 가지는 그 가운데 한 가지만 있어도 오히려 포상의 은전(恩典)이 있어야 하거늘, 하물며 이처럼 미덕을 갖추었으니 전하지 않을 수 있겠는가? 이에 감히 천루함을 잊고서 공(公)의 옛 행적에 대해 평을 하고 평소 사모하던 마음을 붙이노니, 만약 저 시비를 가려 알리는 글과 권선징악을 거행하는

법 같은 것으로서 후세에 분명히 보이고자 한다면 그 사람에게 달렸을 뿐이로다.

공이 장가든 월성 손씨(月城孫氏)는 계성군(鷄城君: 鷄川君의 오기) 손소(孫昭)의 손녀(孫女: 曾孫女의 오기)요, 직장(直長) 손보(孫普)의 딸인데, 두 딸을 두었으니 장녀는 진사(進士) 이시청(李時淸)에게 차녀는 충의위(忠義衛) 윤탕빙(尹湯聘)에게 시집갔다. 진사(進士: 이시청)는 두 아들 두었으니 이신일(李莘逸)·이부일(李傅逸)인데, 이신일은 외아들 이해(李楷)가 문과급제하였으며, 이부일은 네 아들 이정(李楨)·이비(李秘)·이항(李杭)·이용(李榕)을 두었다. 충의위(忠義衛: 윤탕빙)는 두 아들을 두었으니 윤성(尹晟)·윤향(尹㫍)이다. 윤성은 네 아들을 두었는데 장남이 윤대년(尹大年)이고 나머지가 어리며, 윤향은 아들을 두었는데 모두 어리다. 공(公)에게 측실의 아들 박래(朴琜)가 있고, 박래는 세 아들을 두었으니 첫째가 곧 박문징(朴文徵)으로 지금 공(公)의 제사를 주관하며, 그다음으로 박문재(朴文載)·박문명(朴文明)이다.

무술년(1658) 10월 일
재령 후인 이휘일 삼가 아뢰나이다.

通政大夫行尙州牧使朴公行狀[1]

曾祖贈通訓大夫司僕寺正諱之蒙[2]。妣淑人野城朴氏[3]。

祖贈通政大夫工曹參議諱榮基[4]。妣淑夫人丹陽申氏[5]。

考贈資憲大夫兵曹判書行迎日縣監諱世廉[6]。 妣貞夫人英陽南氏[7]。

公諱弘長, 字士任, 其先務安人也[8]。嘉靖[9]戊午, 生于寧海府元

---

1 名護屋城박물관 소장《觀感錄》이외의 이본에서는 권4 부록〈牧使公事蹟〉으로 바뀜.

2 之蒙(지몽): 朴之蒙(1445~?). 본관은 務安, 자는 子正. 백부 盈德縣監 朴頤에 따라 갔다가 寧海 입향조가 되었다.

3 野城朴氏(야성박씨): 都事 朴宗文의 딸, 司直 朴以智의 손녀.

4 榮基(영기): 朴榮基(1483~1583). 본관은 務安, 자는 熙卿. 朴之蒙의 셋째아들 이다. 龍驤衛右部將을 지냈다.

5 丹陽申氏(단양신씨): 참봉 申淑行의 딸, 참봉 申邃孫의 손녀.

6 世廉(세렴): 朴世廉(1535~1593). 본관은 務安, 자는 公謹. 朴榮基의 셋째아들 이다. 1558년 별시무과에 급제하고, 1573년 영일현감, 1593년 의주판관 등을 지냈다.

7 英陽南氏(영양남씨): 通政 南時俊의 딸, 참봉 南世虞의 손녀.

8 其先務安人也(기선무안야): 장동익 교수의 편저『聾啞堂 朴弘長의 生涯와 壬亂救國活動』(경북대학교 퇴계연구소, 2002)에서는 "號聾啞堂姓朴氏務安人高麗國學典酒諱進昇之后典酒生諱暹左僕射當顯宗播越始終一節文宗朝圖形閣上僕射生諱元位檢校大將軍大將軍生諱儒上將軍上將軍生諱成器密直副使密直生諱玽團練使練使生諱文晤綿城綿城生諱允鏐軍簿摠郎摠郎生諱天茂少尹少尹生諱義龍入本朝爲資憲大夫刑曹判書判書生諱綱嘉善大夫刑曹參判參判生諱亨奉列大夫丹陽郡守贈嘉善大夫刑曹參判參判生諱亨奉列大夫丹陽郡守贈嘉善大夫刑曹參判參判生諱解定略將軍宣傳官娶任氏宰臣肩之女於公爲高祖也曾祖諱之蒙贈通訓大夫司僕寺正果毅校尉忠武衛副司直配淑人盈德朴氏祖諱榮基贈通政大夫工曹參議行振威將軍龍驤衛右部將配淑夫人丹陽申氏考諱世廉贈資憲大夫兵曹判書兼知義禁府事行奉列大夫延日縣監妣貞夫人英陽

丘里第。中萬曆[10]庚辰武科[11], 由阿耳萬戶, 歷宣傳官·濟州判官·靈巖郡守·大丘府使。自大丘府使, 陞敍爲軍資監正, 又除掌樂院正。未幾, 充日本通信副使, 旣還, 拜順天府使, 因大丘民上疏乞留, 仍知大丘府, 以疾棄歸。俄拜尙州牧使, 病未之任, 戊戌正月三日, 終于家, 享年四十一。以其年二月五日, 葬于椒水洞先塋之側, 某坐某向之原[12]。

無子幹家事, 且無故吏[13]能言其事者, 日事時功, 莫得而詳。後公歿六十一年, 公之側室[14]子瑓[15]之子文徵[16], 始掇拾其父遺錄及衆所稱道可徵信者, 來告于李徽逸, 使辭而陳之。徽逸晚生同邑, 贅于公門[17], 聞公事最詳, 玆不敢辭焉[18]。

南氏公以"가 123면과 124면에 걸쳐 삽입되어 있는데, 李徽逸의 《存齋先生文集》 권6에 수록된 〈通政大夫行尙州牧使朴公行狀〉에도 없는 내용임. 그 출처를 확인할 필요가 있으며, 이외에도 글자의 출입이 있는바, 지적해야 할 것은 밝히나 사소한 글자 출입은 밝히지 않는다.

9 嘉靖(가정): 명나라 제11대 황제 世宗 朱厚熜의 연호(1522~1566).

10 萬曆(만력): 명나라 제13대 황제 神宗 朱翊鈞의 연호(1573~1620).

11 박홍장은 別試武科에 병과 22위로 급제함.

12 以其年二月五日 葬于椒水洞先塋之側 某坐某向之原: 이휘일의 행장에는 없는 내용임. 국내의 《관감록》 이본에서는 '塋內靑龍酉坐卯向'으로 되어 있다.

13 故吏(고리): 門生故吏에서 나온 말로, 관리로 천거해 준 사람과 천거를 받은 사람의 사이를 일컬음.

14 側室(측실): 光州盧氏 참봉 盧萬應의 딸.

15 瑓(래): 朴瑓(1578~1650). 본관은 務安, 자는 可獻.

16 文徵(문징): 朴文徵(1618~1691). 본관은 務安, 자는 述古. 朴瑓의 첫째아들이다.

17 公門(공문): 이휘일의 처가가 務安朴氏 朴玏인 데서 일컫는 말.

18 徽逸晚生同邑 贅于公門 聞公事最詳 玆不敢辭焉: 이휘일의 행장에는 없는 내

惟公英邁挺特, 儀表峻整, 貌偉而心宏[19], 氣肅而語寡, 弱冠,
有相者見之曰: "眞名將也." 嘗判濟州, 號多奇翫異寶, 公一無所
問, 日業弓, 夜必讀書。兵家·史記, 靡不習貫, 尤喜讀小學, 曰:
"此一部君父所賜也." 有王子縱奴買馬, 侵劫州民, 州牧不能禁,
公按罰不少貸, 一州震駭以爲必有奇禍, 竟無事。壬辰, 瓜滿[20]將
遞, 値倭亂, 留爲助防將。聞大駕西狩[21], 涕泣不入寢室, 曰: "主
上播越[22], 臣子何心安處耶?" 時公兄節度公毅長爲慶州判官, 始
遝賊不利。公聞之大慟曰: "吾家世受國恩, 當急效死, 而弟拘於
此, 兄又敗績[23], 平生報國之願違矣。何以見天日乎?" 因不食累
日。及聞慶州捷音, 卽杖劍起曰: "吾兄果能如此." 在濟聞判書公
訃, 以國事方急, 不敢擅歸, 因哀毀成疾, 太夫人上言乞哀, 特命
遞還。公聞命急歸, 冒風濤前進, 舟幾覆幸免。行至海南, 聞有靈
巖之命[24], 到官[25]未數月, 朝廷以大丘當嶺南要衝, 首擬[26]公爲府

용임.

19　貌偉而心宏: 이휘일의 행장에는 없는 내용임.

20　瓜滿(과만): 조선시대 한 직책에서의 근무 기간을 채우는 것.

21　西狩(서수): 임진왜란 때 선조가 왜군의 침입으로 도성을 버리고 평안북도 의주
　까지 피난 간 사건을 비유한 말. 춘추시대 西狩獲麟의 고사에서 유래한 말이다.

22　播越(파월): 임금이 난을 피하려고 도성을 떠나 다른 곳으로 피란함.

23　敗績(패적): 자기 나라의 패전을 일컫는 말.

24　靈巖之命(영암지명): 조방장으로서 2년을 지내고 1594년 4월 이후 전라도 영암
　군수로 2달 동안 근무하였다고 함. 그런데 이순신의 《난중일기》 1594년 4월 24일
　과 1595년 2월 14일, 1596년 2월 13일 등에서 영암군수의 이름이 朴弘章인바,
　검토가 필요하다.

25　到官(도관): 임지에 도착함. 부임함.

使。時西厓²⁷柳相公, 在政府²⁸, 啓曰: "新府使朴弘長, 乃毅長之弟, 而武將中最稱有名, 勿任以他務, 專意保葺可也."²⁹ 公於是竭心焦慮, 撫摩瘡殘, 仍募民屯田³⁰, 貸傍邑租若干斛爲種, 載粥與醬, 親餉督耕, 秋果大熟, 得石者凡三千有餘。因此漸有儲峙, 得以接天兵·賑餓民, 屹然爲東南鉅鎭, 能制賊腰領, 使不得橫肆者, 緊公是賴。遂陞爲軍資·掌樂正, 皆³¹朝家³²所以較績焯勤, 而

---

26 首擬(수의): 首薦. 한 사람의 벼슬아치를 임명하기 위하여 세 사람의 후보자를 추천할 때, 첫째로 추천된 사람을 일컬음. 첫째를 首望, 다음을 次望, 그 다음을 末望이라 한다.

27 西厓(서애): 柳成龍(1542~1607)의 호. 본관은 豊山, 자는 而見. 1592년 임진왜란이 일어나자 병조판서로서 도체찰사를 겸하여 軍務를 총괄하였다. 이어 영의정에 올라 왕을 扈從하여 평양에 이르러 나라를 그르쳤다는 반대파의 탄핵을 받고 면직되었다. 의주에 이르러 평안도 도체찰사가 되었고, 이듬해 명나라 장수 李如松과 함께 평양성을 수복한 뒤 충청도·경상도·전라도 3도의 도체찰사가 되어 파주까지 진격하였다. 이해 다시 영의정에 올라 4도의 도체찰사를 겸해 군사를 총지휘했으며, 이여송이 碧蹄館에서 대패해 西路로 퇴각하는 것을 극구 만류했으나 뜻을 이루지 못하였다. 1594년 훈련도감이 설치되자 提調가 되어 《紀效新書》(중국 명나라 장수 척계광이 왜구를 소탕하기 위하여 지은 병서)를 講解하였다. 또한 호서의 寺社位田을 훈련도감에 소속시켜 군량미를 보충하고 鳥嶺에 官屯田 설치를 요청하는 등 명나라 및 일본과 화의가 진행되는 동안에도 군비를 보완하기 위해 계속 노력하였다. 1598년 명나라 經略 丁應泰가 조선이 일본과 연합하여 명나라를 공격하려 한다고 본국에 무고한 사건이 일어나자, 사건의 진상을 알리러 가지 않는다는 북인들의 탄핵을 받아 삭탈관직 되었다가 1600년 복관되었으나 다시 벼슬길에 나아가지 않고 은거하였다.

28 政府(정부): 議政府의 준말.

29 柳成龍의 《西厓先生文集》 권8 〈啓辭·措置防守事宜啓〉에 나오는 말. 류성룡이 1595년에 행한 일이다.

30 屯田(둔전): 조선시대에 군량을 충당하기 위하여 변경이나 군사 요지에 설치한 토지.

公終未離本州, 蓋無公則無以爲州也。

李相公元翼[33], 開體府于本道, 將合操諸軍, 檄公爲中軍。公適在外未返, 兼程[34]急趨。公素蓄三駿, 是日自騎其一, 一載弓矢, 一載器仗[35], 幷首齊驟如飛。一軍皆驚, 體察使亦起視曰:"眞所謂人馬相得也。"旣至, 體察使勞曰:"公之能名[36], 則固聞之矣, 馬力閑習, 何得如此?"公對曰:"小官當壬辰之變, 袖手遠島, 不能就一績, 目今寇亂未已, 冀憑驅馳之力, 以效尺寸之勞, 故求得此馬, 調練至此耳。"體察使爲之動容。

---

31 遂陞爲軍資掌樂正皆: 이휘일의 행장에는 없는 내용임.

32 朝家(조가): 조정.

33 李相公元翼(이상공원익): 李元翼(1547~1634). 본관은 全州, 자는 公勵, 호는 梧里. 1592년 임진왜란이 발발하자 이조판서로서 평안도 도순찰사의 직무를 띠고 먼저 평안도로 향했고, 宣祖도 평양으로 파천했으나 평양마저 위태롭자 영변으로 옮겼다. 이때 평양 수비군이 겨우 3,000여 명으로서, 당시 총사령관 金命元의 군 통솔이 잘 안되고 군기가 문란함을 보고, 먼저 당하에 내려가 김명원을 元帥의 예로 대해 군의 질서를 확립하였다. 평양이 함락되자 정주로 가서 군졸을 모집하고, 관찰사 겸 순찰사가 되어 왜병 토벌에 전공을 세웠다. 1593년 정월 李如松과 합세해 평양을 탈환한 공로로 崇政大夫에 가자되었고, 선조가 환도한 뒤에도 평양에 남아서 군병을 관리하였다. 1595년 우의정 겸 4도체찰사로 임명되었으나, 주로 영남 체찰사 영에서 일하였다. 이때 명나라의 丁應泰가 經理 楊鎬를 중상모략한 사건이 발생해 조정에서 명나라에 보낼 陳奏辨誣使를 인선하자, 당시 영의정 류성룡에게 "내 비록 노쇠했으나 아직도 갈 수는 있다. 다만 학식이나 언변은 기대하지 말라." 하고 자원하였다. 그러나 정응태의 방해로 소임을 완수하지 못하고 귀국하였다.

34 兼程(겸정): 하루에 이틀 길을 감.

35 器仗(기장): 兵器와 儀仗.

36 能名(능명): 유능하다는 평판.

丙申, 天朝遣使日本, 冊封平秀吉爲國王, 天朝游擊將沈惟敬, 要我使同行, 爲調戢兩國計。朝廷以黃愼爲上使, 陞公堂上以副之。時倭兵尙留釜山, 賊情叵測[37], 人皆洶懼[38]以爲必死無回。公不以爲意, 促裝就途。將發, 親戚或有涕泣牽衣, 公曰: "臣子奉命出疆, 唯王事未竣是憂, 豈以軀命死生爲念? 汝曹休矣。"

到五沙蓋浦, 倭將平調信, 來傳關白之言, 期以某日接見使臣。旣而, 秀吉改辭曰: "我國欲通上國, 而朝鮮遏不以聞, 沈游擊欲調停上國與日本, 而朝鮮沮撓百端。且我放還朝鮮王子, 朝鮮當使王子來謝, 而使臣秩卑, 是慢我也。"辭甚悖鷙[39], 聞者甚懼以爲進必爲戮, 當留此以待。公言于上使, 曰: "旣奉命至此, 雖有萬死, 豈可懷疑不進, 以重辱君命乎?"卽與上使, 擧帆直至關白所。

其將淸正, 簇擁兵器, 轅門外數里, 皆鋪文繡以耀之, 人皆膽戰目奪, 不敢騎行。公獨策馬騰踏, 如入無人, 倭將相視歎曰: "朝鮮有人也。"淸正各館兩使, 使不得來往。公言于守門者, 爲見上使, 勉之以無動。每晨必整冠帶, 肅然端坐, 意氣陽陽若平日, 一行賴以自安。

一日, 淸正熾炭于地, 使謂曰: "吾將置使於焰上。"公答云: "吾將解衣就之。"有跟行族人, 泣而前曰: "炮烙之慘, 迫在頃刻, 將奈何?"因嗚咽失聲。公怒叱曰: "國書未傳, 分當委命[40], 汝尙畏

---

37 叵測(파측): 헤아릴 수 없음. 추측할 수 없음.

38 洶懼(흉구): 불안하여 술렁이고 두려워 함.

39 悖鷙(패경): 패역무도함. 오만방자함.

死耶?" 推出杖之. 倭見之皆愕.

會天雨毛積地, 關酋懼災, 不敢加害, 並天使楊邦亨·沈惟敬
等, 同我使回去, 且言: "再調兵繼出." 公就見天使, 曰: "俺等旣
未傳命, 又聞再肆蠆毒[41], 不可不及時馳啓." 天使曰: "待我奏聞,
同時發遣, 可也." 蓋沈惟敬本欲綢繆[42]兩間, 苟欲成好, 而事竟不
諧, 自恐得罪見誅, 故緩於陳奏. 公固請曰: "小邦, 與天朝異勢,
一日先報, 有一日之備, 不可緩也." 天使終不聽. 公與上使, 謀
曰: "寧得責於天使, 不可誤國家事." 潛遣軍校, 先啓賊情.

公將還, 日本賂遺[43]甚盛, 皆却之, 搜從者裝, 有倭劍二口, 卽
歸之于淸正, 行囊只有日本地圖及衣衾而已.

公自在大丘, 已憂痒成疾, 及歸自日本, 病益甚, 自大丘載歸于
家, 竟不起疾. 人望方隆, 天奪斯遽, 遠近嗟悼, 以爲邦家之不幸.
公威嚴莫犯, 不惡而人畏之, 及莅民爲治, 呴呴[44]然猶恐有傷. 在
濟凡六年, 在大丘三考[45], 惠澤優洽, 民視猶父, 皆立碑頌之. 及

---

40 委命(위명): 목숨을 천운에 맡김.
41 蠆毒(채독): 전갈의 독. 남을 해치려고 하는 악독한 계책을 비유하여 이르는 말.
42 綢繆(시봉): 彌縫. 결점이나 잘못된 것을 임시변통으로 이리저리 주선해서 꾸며 댐.
43 賂遺(뇌유): 다른 사람에게 일을 부탁하면서 뇌물을 보냄. 여기서는 선물을 보낸다는 뜻이다.
44 呴呴(구구): 말이 부드러운 모양.
45 三考(삼고): 세 차례에 걸쳐 考績하여 升降과 賞罰을 결정하던 고대의 인사 관리 제도. 고적은 일정한 기준에 의거하여 관리의 성적을 考劾하는 것을 말한다. 《서경》〈舜典〉에 "3년에 한 번씩 성적을 고핵하고, 세 번 고핵한 다음에 무능한 자를 축출하고 유능한 자를 승진시켰다.(三載考績, 三考, 黜陟幽明.)"라는 말

卒, 視廐唯戰馬三匹, 視藏唯弓矢數箱, 無餘積焉。

公藝窮百中, 善草隷屬文, 皆出輩流, 然非公所重。夫悅古訓踈
貨財, 淸也, 除邑害不畏强禦, 勇也, 肉骨蘇殘, 用固邦本, 至惠
也, 奉使讎庭, 臨死不懼, 大節也。凡此數者, 有一於是, 尙有褒,
矧玆具美, 其可以無傳? 玆敢忘其賤陋, 評騭[46]舊行, 以寓夫平日
眷慕之誠, 若夫揚褒貶之文, 擧勸懲之法, 以彰示來世, 則在乎其
人焉。

公娶月城孫氏, 鷄城君[47]昭[48]之孫[49], 直長普之女, 有二女, 長適
進士李時淸[50], 季適忠義衛尹湯聘。進士有二子, 莘逸[51]·傅逸[52],

이 나온다. 결국 여기서는 3년이라는 의미로 쓰였다.

46 評騭(평즐): 품평함. 평론함.

47 鷄城君(계성군): 孫士晟(1396~1477)의 봉호. 원문에 착종이 있다.

48 昭(소): 孫昭(1433~1484). 본관은 慶州, 자는 日章, 시호는 襄敏. 1459년 金宗
直과 함께 문과에 급제 主簿와 兵曹佐郎을 역임하고, 1467년 李施愛의 난에
종사관으로 출정해 敵愾功臣이 되었다. 안동 부사·진주 목사·吏曹參判 등을
역임했다. 鷄川君에 봉해졌다.

49 孫(손): 曾孫의 오기. 孫昭의 5남 孫閨暾(생몰년 미상)이고, 손윤담의 장남 孫
普(1519~1583)이기 때문이다. 손보의 본관은 慶州, 자는 則平이다. 豊儲倉 直
長을 지냈다.

50 李時淸(이시청, 1580~1616): 본관은 載寧, 자는 和叔. 거주지는 寧海이다.
1610년 식년시에 급제하였다.

51 莘逸(신일): 李莘逸(1598~1658). 본관은 載寧, 자는 景顯. 李徽逸의 4촌이다.
곧 李殷輔→雲嶽 李涵→1남 淸溪 李時淸→1남 梅塢 李莘逸→1남 李楷으로 이
어지고, 雲嶽 李涵→3남 李時명→1남 存齋 李徽逸 2남 葛庵 李玄逸 등으로
이어진다.

52 傅逸(부일): 李傅逸(1601~1641). 본관은 載寧, 자는 君顯. 李時亨의 後嗣로
입양되었다.

莘逸有一子, 曰楷[53]文科, 傅逸有四子, 曰棖·柲·杭·榕。忠義衛
有二子, 曰晟·髙, 晟有四子, 長曰大年, 餘幼, 髙有子皆幼。公有
側室子琭, 琭之子三人, 長卽文徵, 方主公祀, 其次文載·文明。[54]

戊戌十月日 載寧後人 李徽逸謹狀

---

53 楷(해): 李楷(1618~1661). 본관은 載寧, 자는 元禮. 1657년 문과에 급제한 뒤,
   성균관학유를 지냈다.

54 장동익 교수의 편저『聾啞堂 朴弘長의 生涯와 壬亂救國活動』(경북대학교 퇴계
   연구소, 2002)의 127면에는 월성손씨의 가계, 측실 繼配 光州盧氏의 가계 및
   후손 등이 확대되어 있으나 이휘일의 행장에는 없는 내용임.

통정대부 상주목사 박공 묘갈명 병서

공(公)의 이름은 홍장(弘長), 자는 사임(士任), 무안박씨(務安朴氏)로 고려 때 전주(典酒)를 지낸 박진승(朴進昇)이 그 시조이다. 사복시정(司僕寺正)을 증직 받은 지몽(之蒙), 공조참의(工曹參議)를 증직받은 영기(榮基), 병조판서(兵曹判書)를 증직 받고 행(行) 영일 현감(迎日縣監)을 지낸 세렴(世廉)이 그의 증조부, 조부, 부친이다. 모친은 영양남씨(英陽南氏)로 정부인(貞夫人)을 증직 받았다.

가정(嘉靖) 무오년(1558)에 공은 영해(寧海) 원구리(元丘里)의 자택에서 태어났다. 초서와 예서를 잘 썼고 문장 짓기에 능하였으며, 무예까지 두루 통달하였다. 만력(萬曆) 경진년(1580) 무과에 급제하여 아이만호(阿耳萬戶)를 거쳐 선전관(宣傳官)으로 들어갔다가 제주판관(濟州判官)으로 나갔다. 임기를 채우고 교체되려는데, 임진란을 만나서 조방장(助防將)이 되어 머무르게 되었다. 판서공(判書公: 부친 박세렴)의 상(喪)을 당하였는데도 관직을 놓아두고 돌아올 수가 없었는데, 대부인(大夫人: 영양남씨)이 상언(上言)하여 애걸하고서야 교체될 수 있었다. 귀향하던 도중 해남(海南)에 이르러 영암 군수(靈巖郡守)로 제수한 명을 듣고 부임한 지 얼마 되지 않아서 대구 부사(大丘府使)로 옮겼으니, 서애(西厓) 류 선생(柳先生: 류성룡)이 천거한 것이다. 전쟁의 상처를 입은 이들을 어루만지고 둔전(屯田)을 설치

하고 갑병(甲兵)을 수선하여, 고을이 마침내 튼튼하여 우뚝하게 남
도(南都: 남쪽지방 도시)의 철벽(鐵壁: 철옹성)이 되었다. 조정에서 그
공로를 포상하여 군자감 정(軍資監正)과 장악원 정(掌樂院正)으로 승
진시켜 발탁하였으나, 대신할 인재 찾기가 어려워서 그대로 유임하
도록 하였다.

　병신년(1596) 명나라 조정에서 양방형(楊邦亨: 楊方亨)·심유경(沈
惟敬)을 보내어 장차 평수길(平秀吉: 豐臣秀吉)을 국왕으로 책봉하려
고 하였는데, 우리나라 조정에서는 공(公)을 통정대부(通政大夫)로
승진시켜 판서(判書) 황신(黃愼)의 부사(副使)로 삼아 함께 가도록 하
였다. 오사개(五沙蓋: 大阪, 오사카) 포구에 도착하자, 평수길(平秀吉)
이 도리에 어긋나는 방자한 말을 한다는 것을 듣고 일행이 두려워하
여 감히 앞으로 나아가려고 하지 않았다. 공(公)이 힘써 상사(上使:
황신)에게 앞으로 나아가기를 청하여 국도(國都: 교토)에 도착하였지
만, 평수길이 국서를 받지 않고 명나라 사신 및 우리나라 사신이
함께 돌아가도록 재촉하였으며, 또한 다시 군사들을 동원하여 장차
내보내겠다고 공언하였다. 공(公)이 먼저 장계(狀啓)를 급히 올리려
고 하자, 명나라 사신이 그것을 난처하게 여겼다. 공(公)이 상사(上
使)와 모의하고 몰래 군교(軍校)를 보내어 적의 상황을 장계(狀啓)로
알렸다. 기왕에 돌아오자, 순천 부사(順天府使)로 제수되었으나 백
성들의 소원에 따라 그대로 대구(大丘)에 있었다. 이보다 앞서 공
(公)은 이미 근심으로 초췌하다가 병이 되었으니, 이때에 이르러 병
이 더욱 심해져 사직하고 고향으로 돌아가는데, 상주 목사(尙州牧
使)에 제수되었으나 부임하지 못하고 무술년(1598) 정월 집에서 세

상을 떠났다. 2월 초수동(椒水洞)의 선영 옆에 안장하였다.

아아, 공(公)은 기국(器局: 도량과 재간)이 준엄하고 단정하며 의기(義氣)를 분발하였다. 제주(濟州)에는 보물이 많았으나 터럭 하나라도 감히 가까이하지 않았고, 궁궐의 노복이 백성들을 괴롭히는 것을 살펴 법으로 다스렸고, 대가(大駕)가 피난 갔다는 소식을 듣고 눈물을 흘리며 침실에 들지 않았다. 백씨(伯氏) 절도공(節度公: 박의장)이 왜적을 맞닥뜨려 순조롭지 못하다는 소식을 듣고 대성통곡하며 며칠 동안 아무것도 먹지 않았다. 개연히 전쟁에서 힘을 다하고자 하여 준마(駿馬) 3마리를 평소 조련시켰는데, 중군(中軍)으로서 도체찰부(都體察府) 상공(相公) 이원익(李元翼)의 진중(陣中)으로 가게 되었다. 세 준마를 나란히 몰아서 달리는 것이 나는듯 하자, 온 군중이 우러러보았고 도체찰사도 맞이하여 위로하며 매우 기뻐하였다. 처음 일본에 도착했을 때 평수길이 화려한 비단으로 원문(轅門: 軍門) 밖에 깔아서 빛나게 하고 병사들의 호위를 크게 펼치며 창칼이 시퍼렇게 빛나도록 하자, 사람들이 모두 다리가 떨려 말에서 내려 걸어가는데 공(公)만 홀로 말을 채찍질하여 들어갔다. 하루는 청정(淸正)이 숯불을 이글이글 피워놓고 사람을 시켜 말하기를, "나는 장차 사신들을 불꽃 위에 앉힐 것이다."라고 하자, 공(公)이 답하여 이르기를, "옷을 벗고 나아가야 하지 않겠는가?"라고 하였다. 뒤따르던 족인(族人: 겨레붙이)이 목메도록 울자, 공(公)이 노해 매질을 하였다. 때마침 하늘에서 우모(雨毛: 털비)가 내리는 이변이 있자, 관추(關酋: 關白)가 재변을 두려워하여 그만두었으니, 기이하였다. 장차 돌아오려 하자, 일본에서 선물로 보낸 것을 물리쳤으며,

수행원의 행낭(行囊)을 수색하여 왜도(倭刀) 2자루가 있자 돌려주었으며, 단지 일본 지도만 가지고 갈 뿐이었다.

무릇 공(公) 같은 어진 이로서 왜적이 횡행하는 때를 당하였는데, 그의 충성심이 쇠와 돌을 뚫고 그의 용맹심이 삼군(三軍)의 으뜸이니 난을 평정하고 기우는 나라를 일으키는 것이야 곧 그의 본분이었거늘, 변이 일어났는데도 몸이 바다 밖 제주도에 매여 있었던 데다 사신으로 갔다가 돌아오자마자 하늘이 갑자기 목숨을 빼앗아서 끝내 그 뜻을 펴지 못하고 재주를 펼치지 못했으니 하늘은 무슨 뜻인가? 공(公)이 백성을 다스림에 남다르게 정사(政事)를 행하였으니, 다스린 곳이면 떠나온 뒤에도 다 그리워하는 마음을 품고 비(碑)를 세워서 그 덕을 칭송한 것은 다만 여사(餘事: 그다지 요긴하지 않음)일 뿐이다.

부인 월성 손씨(月城孫氏)는 계성군(鷄城君: 鷄川君의 오기) 손소(孫昭)의 손녀(孫女: 曾孫女의 오기)요, 직장(直長) 손보(孫晋)의 딸인데, 아들 없이 두 딸을 두었다. 장녀는 진사(進士) 이시청(李時淸)에게 시집가서 두 아들을 두었는데, 이신일(李莘逸)은 외아들 이해(李楷)가 있어 문과급제하였으며, 이부일(李傳逸)은 네 아들 이정(李楨)·이비(李秘)·이항(李杭)·이용(李榕)을 두었다. 차녀는 충의위(忠義衛) 윤탕빙(尹湯聘)에게 시집가서 두 아들을 두었으니 윤성(尹晟)·윤향(尹晑)이다. 측실의 아들 박래(朴琜)가 있는데, 그 아들 박문징(朴文徵)이 공(公)의 행적을 뽑아가지고 참봉(參奉) 이휘일(李徽逸)에게 행장 지어주기를 청하였다. 참봉(參奉: 이휘일)은 학행(學行)이 있어 그의 말은 믿을 만하니, 이에 명(銘)을 짓는다. 명은 이러하다.

공(公)의 충성심은	公之忠
나라에 목숨을 바치기에 족하였고.	足以殉國家
공(公)의 용맹심은	公之勇
바다의 파도를 재우기에 족하였거늘,	足以息海波
공(公)의 목숨만은	公之命
그리도 몹시 짧았으니 어찌해야 하랴.	其如苦短何

통정대부 전승정원 우승지 겸 경연참찬관 춘추관수찬관
풍산 김응조 짓다.

通政大夫尙州牧使朴公墓碣銘 幷序

公諱弘長, 字士任, 務安朴氏, 高麗典酒[1]諱進昇[2], 鼻祖也。贈
司僕正諱之蒙, 贈工曹參議諱榮基, 贈兵曹判書行迎日縣監諱世
廉, 曾祖考也。妣英陽南氏, 贈貞夫人。

嘉靖戊午, 生公于寧海元丘里第。善草隷, 善屬文, 旁通武藝。
中萬曆庚辰科, 歷阿耳萬戶, 入爲宣傳官, 出判濟州。瓜滿, 値壬
辰亂, 留爲助防將。丁判書公憂, 猶不得解歸, 大夫人上言陳乞,
乃得遞。到海南, 聞除靈巖, 到任未幾, 移大丘, 西厓柳先生薦之

---

1 典酒(전주): 고려 충렬왕 때 國學에 소속된 종3품 벼슬. 충렬왕 원년(1275)에
  좨주(祭酒)를 전주로 개칭했다가 1298년에 다시 좨주로 고치고 종3품으로 올렸다.
2 進昇(진승): 朴進昇. 신라 경명왕의 여섯째 아들인 완산대군 朴彦華의 5세손으
  로 고려시대에 문과급제하여 국자좨주를 지냈으며, 나라에 공을 세워 무안을
  식읍으로 하사받았다.

也。撫瘡殘, 設屯田, 繕甲兵, 邑遂以完, 屹然爲南都鐵壁。朝廷褒其勞, 荐擢軍資·掌樂正, 而難其代, 仍之。

丙申, 天朝遣楊邦亨·沈惟敬, 將封平秀吉爲國王, 朝廷陞公通政, 副黃判書愼, 偕行。到五沙浦, 聞秀吉有悖慢語, 一行洶懼莫敢進。公力請上使前, 至其國都, 秀吉不受命, 促天使及我國使偕還, 且聲言再調兵將出。公欲先馳啓, 天使難之。公謀于上使, 潛遣軍校啓之。旣還, 除順天, 因民願, 仍大丘。先是, 公已憂悴成疾, 至是, 症遂劇, 辭歸, 拜尙州不赴, 戊戌正月, 卒于家。二月, 葬椒水洞先塋側。

嗚呼! 公器局峻整, 義氣奮發。濟州多寶貝, 毫毛不敢近, 按治宮奴之病民者以法, 聞大駕播越, 涕泣不入寢室。伯氏節度公戰不利, 大慟不食累日。慨然欲效力兵間, 得三駿馬常調習, 嘗以中軍馳入都體府李相元翼陣中。三駿齊驅, 其疾如飛, 一軍聳觀[3], 都體府迎勞喜甚。初到日本, 秀吉鋪文繡轅門外, 大張兵衛, 劍戟如雪, 人皆股慄下馬步, 公獨策馬而進。一日, 淸正熾炭火, 使謂曰:"將置使臣其上。"公答曰:"敢不解衣以就?"跟行族人, 泣嗚咽, 公怒杖之。會有雨毛之異, 關酋懼而止, 異哉。將還, 却日本贈遺, 搜從者行橐, 還二倭劍, 只携日本地圖而行焉。

夫以公之賢, 當搶攘[4]之際, 其忠貫金石, 其勇冠三軍, 戡亂扶顚, 乃其分也, 變作而身滯海外, 使還而天遽奪壽, 卒之志不展而

3　聳觀(용관): 발돋음을 하고 바라봄.
4　搶攘(창양): 혼란하고 수선스러움.

才不售, 天何意哉? 公治民, 有異政, 所莅皆有去後思, 立碑以頌德。特餘事也。

配月城孫氏, 鷄城君昭之孫, 直長普之女, 無子有二女。長進士李時淸, 子二, 曰莘逸, 子楷文科, 曰傅逸, 子棍·柲·杭·榕。次忠義衛尹湯聘, 子二, 晟·暠。側室[5]子曰琭, 子文徵, 乃能撫取公行蹟, 請李參奉徽逸撰次之。參奉有學行, 其言可徵信, 是宜銘。銘曰: "公之忠, 足以殉國家。公之勇, 足以息海波。公之命, 其如苦短何."

通政大夫 前承政院右承旨 兼 經筵參贊官 春秋舘修撰官
豊山金應祖撰

---

5 장동익 교수의 편저 『聾啞堂 朴弘長의 生涯와 壬亂救國活動』(경북대학교 퇴계
   연구소, 2002)의 142면에서는 側室 繼配 光州盧氏의 가계 및 후손 등이 확대되
   어 있으나 金應祖의 墓碣銘幷序에는 없는 내용임.

참고자료

황신의 군관 조덕수·박정호에게 통신사의 동태에 관해 아뢰게 하다*

사시(巳時: 아침 10시 전후) 초에 상(上)이 황신(黃愼)의 군관(軍官) 조덕수(趙德秀)·박정호(朴挺豪) 등을 별전(別殿)에서 인견(引見)하였다. 상이 말했다.

"적중(賊中)에서 들은 것이 어떠한가? 죄다 말하라."

조덕수가 아뢰었다.

"배신(陪臣)이 들어갈 때 관백(關白)의 처소와 3일 정(程)되는 곳에서 조신(調信)이 먼저 관백에게 갔는데, 윤8월 15일에 고칙(誥勅) 및 천사(天使)·배신이 사개(沙蓋)에 들어가 각각 관소(館所)로 갔습니다. 관백이 조신에게 말하기를, '5년 동안의 전쟁을 마침내 끝냈으니 너의 공이 아름답다. 다만 천사를 접대할 관사(館舍)가 지진 때에 죄다 무너져서 접대하기 어려울 듯하므로, 이제 다시 신관(新館)을 만들어서 접대하려 한다.'라고 하니, 삼 장로(三長老)가 말하기를, '천사를 우리 땅에 오래 머무르도록 하면서 관백이 만나지 않는 것은 일의 체모가 매우 어그러지며, 또 관사를 짓는 것은 시일이 꽤 걸릴 것이니, 빨리 만나야 한다.'라고 하였습니다."

---

* 《선조실록》 1596년 11월 6일 2번째 기사를 전재하면서, 최소한의 윤문을 함.

상이 물었다.

"삼 장로는 누구인가? 한 사람의 이름인가?"

조덕수가 아뢰었다.

"한 사람의 이름이 아니라 길성(吉成)·장성(長成)·삼성(三成) 세
중[僧]을 말하는 것입니다. 조신이 말하기를, '천사가 들어온 지 이
미 오래되었고 신관에서 접대하려면 날짜가 매우 오래 걸릴 것이니,
빨리 어디서든 접견해야 한다.'라고 하니, 관백이 웃으며 말하기를,
'네 말이 좋다. 9월 1일에 오사개(五沙蓋)에 가서 천사와 배신을 접
대하겠다.'라고 하였습니다. 소위 오사개라는 곳은 그 지역에 본디
관사(官舍)는 없고 여염 가운데에 절이 있을 뿐인데 이 절을 명사를
접대하는 곳으로 삼아, 어느 곳에는 상사(上使)를 들게 하고 어느
곳에는 부사(副使)를 들게 하였습니다.

조신이 사개에 나와서 말하기를, '일이 장차 이루어지게 되어 마
음이 아주 기쁘다.'라고 하였는데, 조신이 산성주(山城州)에서 사개
에 나온 뒤로 우리나라 통신사(通信使)를 만나지 않을 것이라는 말
이 있었습니다. 조신이 통사(通事) 박대근(朴大根)에게 말하기를,
'일이 장차 이루어지지 않을 것이므로 매우 답답하고 염려된다.'라
고 하였고, 조신이 부사의 아문(衙門)에 나아가 말하기를, '일이 장
차 이루어지지 않을 것인데, 나는 감히 관백 앞에서 스스로 청할
수 없으니, 노야(老爺)가 관백에게 청해야 하겠다.'라고 하니, 심 부
사(沈副使: 심유경)가 말하기를, '나는 오로지 이 일 때문에 왔으니,
관백을 만나서 한꺼번에 배신까지 다 만나야 한다는 뜻을 힘써 말하
겠다.'라고 하였습니다. 윤8월 29일에 관백이 오사개에 오자 9월

1일에 부사가 먼저 오사개에 갔으나 관백이 만나주지 않았는데, 상사가 오후에 비로소 와서 2일에 서로 만나 수봉(受封)하기로 하였다고 합니다. 황신이 명사 아문에 여쭈어 군관(軍官)·역관(譯官)을 차출하여 수봉(受封)하는 곳에 따라가서 형세를 보기를 청하였다 하는데 명사가 데려갈 것 없다고 하였다 합니다. 그러므로 일행은 다 명사의 거둥과 관백이 수봉하는 절목(節目)을 보지 못하였습니다."

상이 물었다.

"그러면 이미 봉왕례(封王禮)를 거행하였는가?"

조덕수가 아뢰었다.

"신(臣)은 눈으로 보지 못하였고 들은 것이 이러할 뿐입니다."

상이 물었다.

"누구에게 들었는가?"

조덕수가 아뢰었다.

"단지 파총(把總) 왕귀(王貴)가 황신에게 말하였는데 신도 들었습니다. 3일에 연향례(宴享禮)를 거행하였다 합니다."

상이 물었다.

"다른 사람은 가지 않았는가? 명사(明使) 차비 역관(差備譯官)은 필시 같이 갔으리라고 생각한다."

조덕수가 아뢰었다.

"차비 역관도 따라가지 못하였습니다. 연향 때에 부사가 군사 철수에 관한 말을 내었으나, 관백은 답하지 않았다 합니다."

상이 말했다.

"다시 말하라. 계사(啓辭)는 큰소리로 해야 한다."

조덕수가 아뢰었다.

"관백이 군사 철수에 관한 말에 대답하지 않자, 명사가 관소로 돌아왔습니다. 4일 양사(兩使)가 사개에 돌아오자, 황신이 곧 명사 아문에 가서 말하기를, '노야(老爺)는 이제 일을 끝냈으므로 곧 떠나야 하겠으나, 나는 명을 받고 멀리 와서 도대체 분명히 한 것이 없으니, 1년이 걸리든 10년이 걸리든 반드시 일을 끝내고야 돌아가겠다.'라고 하니, 명사가 웃으며 말하기를, '객이 왔을 때 주인이 대접해야 객이 머무를 수 있다. 주인이 손님대접을 하지 않으니, 나는 이제 갈 것인데, 그대가 어찌 홀로 머무르겠는가. 그대는 그대 나라의 서폐(書幣)를 가져왔을 뿐 관백에게 줄 것이 따로 없는데 관백이 받지 않는 것이니, 그대가 서폐를 가지고 온전하게 돌아가는 것은 의리에 어그러지지 않는다. 또 그대는 나를 근수(跟隨)한 사람이니, 내가 가면 그대는 따라가야 한다. 내가 고칙(誥勅)을 가지고 왕을 봉하러 왔어도 관백이 분명히 하지 않고 나를 이렇게 구박하여 나가게 하는데, 어찌 그대에게만 특별하겠는가.'라고 하였습니다. 황신이 심 노야(沈老爺)를 보러 가니, 심 노야의 말도 그러하여 '그대는 수행해 왔으므로 행동을 반드시 우리를 따라야 할 것이니, 그대는 빨리 가서 행리(行李)를 수습해야 한다.'라고 하였습니다. 9일에 황신이 명사를 따라 배에 올라 앞바다에 머물렀다가 10일 한밤에 배를 띄워 떠났습니다.

관백이 평행장(平行長)에게 묻기를, '조선의 왕자를 네가 잡아 올 수 있는가?'라고 하였는데, 행장이 말하기를, '말로는 할 수 없고 반드시 전투로 해야 하는데, 병가(兵家)의 승패를 어찌 기약할 수

있겠는가.'라고 하니, 관백이 행장에게 노하여 물러가게 하였고, 청
정(淸正)에게도 같은 것을 물었는데, 청정이 말하기를, '당초에 내
말을 따르지 않았으므로 일이 이렇게 되었다. 내가 나가면 분부대
로 하겠다.'라고 하였습니다. 청정과 행장은 매우 서로 사이가 좋지
않으므로, 이번의 승전(勝戰)을 기약할 수 없기는 하나 두 장수가
말하는 것은 번번이 서로 어그러진다고 하는데, 일본의 대소인(大小
人)은 다 이렇게 말합니다."

상이 물었다.

"어떠한 사람이 말하던가?"

조덕수가 아뢰었다.

"신이 친히 들은 것이 아니라 조신(調信) 등이 이렇게 말하였습니
다. 대저 관백이 통신사(通信使)를 만나지 않은 것은 다 청정이 한
짓이며, 관백과 청정 사이가 가장 서로 가까워서 관백의 아이를 청
정의 집에서 기른다고 합니다. 일본이 선봉장(先鋒將) 네 사람을 차
출하여 이제 나올 것인데, 청정·갑비수(甲斐守)·일기수(一岐守)는
선봉이고 행장은 후위가 된다고 합니다."

상이 물었다.

"적이 나온다면 부산(釜山)을 지킬 것인가?"

조덕수가 아뢰었다.

"오는 자는 다 전에 왔던 장수이니, 김해(金海)와 기장(機張)은 꼭
지켜야 할 것입니다. 사은 표문(謝恩表文)은 정성(正星)이 가지고 오
는데, 뒤따라 남도(南島)로 올 것입니다. 표문에 실려 있기를 '조선
은 죄가 크니, 대명(大明)에서 정토한다면 그만이겠으나, 그렇지 않

으면 우리가 싸워 섬멸하겠다.'라고 운운하였는데, 명사가 말하기를, '내년 2월에는 회답이 올 것인데, 어찌 갑자기 군사를 움직이려 하는가.'라고 하였습니다."

상이 물었다.

"무슨 말인가? 이것은 적추(賊酋)의 말인가, 아니면 명사가 말한 것인가? 우리나라가 적을 토벌하는 것을 가리켜 말한 것인가, 대명이 적을 토벌하는 것을 가리켜 말한 것인가? 회답은 누구의 회답인가? 그대의 말을 이해하지 못하겠으니, 다시 상세히 말하라."

조덕수가 아뢰었다.

"2월의 회답이란 명사가 적이 군사를 움직이는 시기를 늦추어 시일을 끄는 말이지, 실제로 회답을 기다려서 반드시 군사를 움직인다는 말이 아닙니다."

상이 물었다.

"적이 다시 움직인다면 반드시 먼저 군마(軍馬)를 조치할 것인데, 그대는 본 것이 없는가?"

조덕수가 아뢰었다.

"병마를 조치하는 것은 신이 보고 듣지 못하였습니다마는, 청정은 관백의 뜻에 따라 반드시 다시 오려 하므로, 모든 일본 사람들은 아이들이나 주졸(走卒)까지도 다 전쟁에 지쳐서 누구나 다 관백을 원망하고 청정을 허물합니다. 또 관백의 각 진(各鎭)과 일기(一岐)·대마(對馬) 같은 섬들은 사람이 사는 집이 드물어서 반은 비었습니다. 소신이 왜승(倭僧)과 잡혀온 사람에게 들으니, 다들 말하기를, '일본은 국중(國中)에 재변이 거듭 나타나서 올해 7, 8월 사이에는

토우(土雨)·석우(石雨)·모우(毛雨)의 변이 있었는데, 관백이 천재(天災)를 두려워하지 않고 병력을 다하여 싸워 마지않으니, 반드시 마침내 멸망할 것이다.'라고 하였습니다."

우준민(禹俊民)이 물었다.

"이 모두를 듣기만 하고 눈으로는 보지 못하였는가?"

조덕수가 아뢰었다.

"오색모우(五色毛雨)는 나무에 걸려서 다 오채(五彩)를 이루었는데, 사람들이 이상히 여겨서 혹 감추어 둔 자도 있습니다."

상이 물었다.

"그대는 며칠 동안 머물렀었는가? 지진에 쓰러진 집을 그대는 직접 보았는가?"

조덕수가 아뢰었다.

"20여 일이나 머물렀습니다. 지진이 일어난 것이 대단하지는 않았으나, 하루에 두세 번씩 없는 날이 없었습니다. 처음에는 집이 무너지는 것으로 의심하여 사람들이 다 피하여 나갔으나, 얼마 지나서는 평상으로 돌아가고 집도 무너지지 않았습니다. 병고관(兵古關)은 관백의 구도(舊都)인데 그 주산(主山)이 무너지고 큰 집이 다 땅에 쓰러졌고, 또 땅이 갈라져서 검은 물이 솟아나므로 사람들이 놀라 달아나다가 갈라진 땅으로 빠져들어 죽은 자가 거의 1만여 명이었으며, 전일 무너진 집은 이제야 비로소 수리하였습니다."

상이 물었다.

"일로(一路)에서 치병(治兵) 등의 일을 전혀 눈으로 보지 못하였는가?"

조덕수가 아뢰었다.

"들은 것은 있으나 본 것이 없으니, 어떻게 알겠습니까."

상이 물었다.

"대마도(對馬島)부터 일기(一岐)·낭고야(浪古耶)까지는 다 해도(海島)인가?"

조덕수가 아뢰었다.

"다 해도(海島)입니다. 부산에서 하루 만에 대마도에 이르고, 또 하루 만에 대마부중(對馬府中)에 이르는데 평의지(平義智)가 사는 곳입니다. 또 하루 만에 일기도(一岐島)에 이르고, 또 반일 만에 낭고야에 이릅니다."

상이 물었다.

"일기 역시 섬인가?"

조덕수가 아뢰었다.

"그렇습니다. 낭고야에서 서쪽으로 가면 관백이 사는 곳에 곧바로 닿는데 섬이 서로 잇따랐고, 낭고야는 정성(正成)이 지키는 곳인데 인가가 자못 빽빽합니다."

상이 물었다.

"전에 들으니 낭고야에서 풍신수길(豊臣秀吉)이 당초 유진(留鎭)하였다고 하던데, 그렇다면 성지(城池)가 있던가?"

조덕수가 아뢰었다.

"있습니다."

상이 물었다.

"돌로 쌓았는가, 흙으로 쌓았는가?"

조덕수가 아뢰었다.

"담처럼 흙을 쌓고 그 안에 오층루(五層樓)를 세웠는데, 바로 관백이 이전에 살던 곳이라 합니다."

상이 물었다.

"그대는 서해도(西海島)를 보았는가?"

조덕수가 아뢰었다.

"그런 곳이 있는지 없는지 신은 알지 못합니다."

상이 말했다.

"참으로 있는데 네가 보지 못한 것이다."

조덕수가 아뢰었다.

"낭고야에서 관백이 있는 곳으로 들어가려면 좌우의 섬 사이를 배로 가야 하고, 또 직로(直路)가 있는데 그사이에 적간관(赤干關)이라는 지명이 있습니다."

상이 물었다.

"적간관은 지명(地名)인가, 아니면 성자(城子)인가?"

조덕수가 아뢰었다.

"이는 지명입니다. 주현(州縣)이 아니고 성자도 없습니다."

상이 물었다.

"그 땅은 산이 험한가?"

조덕수가 아뢰었다.

"산은 있어도 험조(險阻)하지는 않습니다."

박정호(朴挺豪)도 아뢰었다.

"지나는 참(站)일 뿐이고 인가는 많지 않습니다."

상이 물었다.

"연로(沿路)의 지나는 곳에 사는 백성은 번성하던가?"

조덕수가 아뢰었다.

"연화(烟火)는 잇따랐으나, 별로 번성한 마을이 없고, 낭고야만이 인가가 즐비하였습니다. 병고관 아래 낭고야 위 지방에도 인가가 많았으나, 다른 곳은 혹 수백 집이나 1백 집 정도인데 태반이 비었습니다. 적간관·상관(上關)·상로포(霜露浦)·도모(都毛)·무로(無老) 등에는 인가도 아주 적었습니다."

상이 물었다.

"사개(沙蓋)는 관백의 국도(國都)에서 몇 일정(日程)이나 떨어져 있는가?"

조덕수가 아뢰었다.

"사개는 산성주(山城州)에서 2일 정(程) 떨어져 있는데, 산성주가 곧 관백이 도읍한 곳입니다."

상이 물었다.

"산성주에는 인가가 얼마나 되던가?"

조덕수가 아뢰었다.

"사개까지만 가고 관백이 도읍한 곳까지 가지는 못하였으나, 오사개(五沙蓋)에서 바라보니, 사는 백성이 많은 것이 사개와 같았습니다."

상이 물었다.

"그대는 잡혀간 사람들을 보았는가?"

조덕수가 아뢰었다.

"많이 있었습니다. 혹 한 집에 열 사람이 있으면 우리나라 사람이 열 가운데 서넛을 차지하여 없는 데가 없었습니다."

상이 물었다.

"그대는 우리나라 사람을 알아볼 수 있었는가? 다들 왜자(倭子)의 종이 되어 있던가?"

조덕수가 아뢰었다.

"신이 과연 알아보았습니다. 신이 본 바로는 잡혀간 사람이 많아서 그곳 주민의 3분의 1이나 되었는데 대부분 놈들이 노예처럼 부리면서 경중에 따라 모욕을 주고 있었습니다. 문자를 조금 아는 양반의 자손이면 승왜(僧倭)에 의탁하여 사미(沙彌)가 되어 입고 먹는 것이 자못 넉넉했습니다."

상이 물었다.

"사은왜(謝恩倭)는 분명히 오지 않는가?"

조덕수가 아뢰었다.

"오지 않습니다. 중국 사신을 따라오는 자는 행장(行長)과 정성(正成)뿐입니다."

상이 물었다.

"그렇다면 누가 표문(表文)을 가져오는가?"

조덕수가 아뢰었다.

"소신(小臣)도 잘 알지는 못합니다. 대개 관백이 명사에게 노하여 나가도록 재촉하였는데, 명사가 배를 탄 뒤에 정성을 시켜 관백에게 알리기를, '내가 이제 홀로 가고 일본은 사표(謝表)가 없으니, 매우 미안하다.'라고 하니, 관백은 듣고서 크게 웃고 말았고, 세 봉행(奉行)

이 정성에게 말하기를, '관백이 네 글을 보고 웃은 것은 그 뜻을 헤아
릴 수 없으나, 내가 관백을 만나서 말이 미치게 되면 내가 주선하겠으
니, 이 뜻을 명사에게 돌아가 이야기한 뒤에 빨리 들어오라.'라고
하였으므로, 정성이 도모(都毛)에 돌아왔습니다. 그 뒤에 정성이 산
성주(山城州)에 들어갔으므로, 명사가 정성이 돌아오기를 기다리느
라 혹 2, 3일 동안 머무르기도 하면서 천천히 갔습니다."

상이 말했다.

"승지(承旨)는 들었을 것이다. 당초에 사은왜 3백이 올 것이라고
들었는데, 이제 오는 것을 보지 못하겠으니, 우리나라를 변변치 않
게 대우하는 것일뿐더러 중국에 불공(不恭)한 것도 심하다. 또 차비
역관(差備譯官)마저 수봉(受封)하는 행례(行禮)를 보지 못하였다 하
니, 이 일은 결말이 어떠할지 더욱 모르겠다."

또 물었다.

"왜자(倭子)가 중국 사신을 어떻게 대우하던가?"

우준민(禹俊民)이 아뢰었다.

"'우리나라 사신보다는 조금 낮게 하였으나, 명사가 말하기를,
'우물 위에 있는 사람이라야 우물 안에 있는 사람을 구제할 것인데,
이제 나도 우물 안에 있다.'라고 하였으니, 이것으로 알 만합니다."

조덕수가 아뢰었다.

"봉왕(封王)할 때 적장(賊將) 40여 인은 다 당복(唐服)을 입고 행례
하였으나, 관백만은 의관(衣冠)을 갖추지 않았습니다."

우준민이 아뢰었다.

"역관(譯官)·군관(軍官) 등이 다 보지 못하였으니, 그사이의 사정

은 어떤지 모릅니다."

상이 말했다.

"이 일은 매우 분명하지 않다."

조덕수가 아뢰었다.

"처음에 관백이 매우 노하여 통신사 일행을 죄다 죽이려 하였으나, 세 봉행이 관백의 노기가 조금 누그러진 것을 보고 들어가 관백에게 말하기를, '예전부터 사신을 죽였던 적이 없었는데, 온 자를 죽이면 뒷사람이 경계하여 다들 일본을 무례한 나라라 할 것이다. 사신을 죽일 수는 있으나 무례하다는 이름을 면할 수 없는 데다가, 더구나 천사가 여기에 와있으니 더욱 사신을 죽여서는 안 된다.'라고 하니, 관백이 그 말을 옳게 여기고 그만두었습니다. 어떤 이는 말하기를, '우리나라 사신을 무로(無老)·낭고야(浪古耶)·일기(一岐)·대마도(對馬島) 같은 곳에 구류한다.'라고 했는데, 이것은 졸왜(卒倭)가 서로 전하는 말이었습니다. 황신(黃愼)은 감히 동요하지 않았습니다."

상이 물었다.

"행장은 중국 사신과 함께 오는가?"

조덕수가 아뢰었다.

"대엿새 뒤떨어져서 올 것입니다. 정성은 표문을 가지고 뒤미처 남도(南島)에 이를 것입니다."

상이 물었다.

"정성은 군사가 없이 홀로 오는가?"

조덕수가 아뢰었다.

"정성이 온다는 말을 들었을 뿐이지, 사행(師行)을 보지는 못하였습니다."

상이 물었다.

"청정이 발병(發兵)하는 것은 틀림없이 어느 때에 있겠는가?"

조덕수가 아뢰었다.

"지난달 15일에 세 적장(賊將)이 나올 것이라 하였는데 신이 낭고야에 이르러 알아보아도 확실한 통보가 없었고, 또 25일에 나온다고 하였으나 또한 자세히 알 수 없었습니다. 다만 장왜(將倭) 일기수(一岐守)가 대마도 가까운 곳에 와 있고 그가 온 목적이 반드시 군사와 양식을 징발하기 위한 것이라는 말을 들었으나, 또한 상세히 알수 없었습니다. 평조신(平調信)이 작은 배를 삯내어 우리를 보냈으므로 나올 수 있었습니다."

상이 물었다.

"군사를 일으킨다는 소식은 과연 참말인가? 아니면 거짓말을 만들어서 공동(恐動)시키려는 것인가?"

조덕수가 아뢰었다.

"신이 들은 것은 올해에 세 장수가 나온다는 말뿐인데 거짓인지 참말인지는 알 수 없습니다. 또 큰 군사가 나오는 시기는 2월이라는 말을 들었습니다."

상이 물었다.

"사은왜(謝恩倭)는 틀림없이 오지 않는가?"

조덕수가 아뢰었다.

"신이 일본에 있을 때는 단연코 내보낸다는 통보가 없었는데, 나온 뒤의 일이야 어찌 알 수 있겠습니까. 두 사신을 배행(陪行)하는 자는 행장과 정성 두 사람뿐이고, 다른 왜가 온다는 것은 신이 듣지 못하였습니다."

상이 물었다.

"적중(賊中)에서는 명사를 지공(支供)으로 대접하던가, 산료(散料)로 하던가?"

조덕수가 아뢰었다.

"날짜를 헤아려서 산료하고 찬물(饌物)만을 지공하였습니다. 관인(官人)은 흰쌀로 급료(給料)하고 팥으로 찬 값을 주었는데, 우리나라 사신에게도 그렇게 하였습니다. 대개 관백의 국도에는 쌀이 옥보다 귀하고 논도 드뭅니다. 대마도는 견줄 데 없이 땅이 척박하여 토란을 심어서 먹을 뿐이고, 이따금 논이 있으나 겨우 열 섬을 파종할 수 있으며 메밀도 거의 없습니다."

상이 물었다.

"일기도는 어떠한가?"

조덕수가 아뢰었다.

"전지(田地)가 아주 적고 나무도 없습니다. 고을이 있는 곳은 산에 의지하여 진(鎭)을 설치하였고, 군사를 일으킨 뒤로 비로소 산성(山城)을 만들었는데, 나무를 잇대고 흙을 칠하여서 쌓았습니다. 대마도에는 성자(城子)가 없고, 다만 도주(島主)가 있는 곳에 목책(木柵)을 세운 것이 길이가 수백 보에 너비가 30보쯤 되며 포루(砲樓) 다섯 곳을 설치하고 총혈(銃穴)을 많이 뚫어 놓았는데, 의지(義智)가 장수를 보내어 지키게 한다고 합니다."

상이 물었다.

"관백을 죽이려고 꾀한 자를 죽였다 하는데, 그대는 그 일을 들었
는가?"

조덕수가 아뢰었다.

"염사근(廉士謹)에게서 들었습니다. 염사근이 장성(長成)의 집에
있을 때 자못 친하였는데 신에게 말하기를, '일본 사람들이 다 관백
을 원망하니, 이제 군사를 징발한다면 다 따르지 않고 「차라리 여기
에서 죽을지언정 다시는 가지 않겠다.」고 할 것이다.'라고 하였습니
다. 임진년에 동산도(東山島)만이 오지 않았으니, 오늘날 군사를 징
발하는 것은 그곳에서 할 것입니다."

상이 말했다.

"새 관백이 수길(秀吉)을 죽이려다가 해내지 못하고 패하여 죽었
다 하는데, 그대는 상세히 말하라."

조덕수가 아뢰었다.

"염사근이 신에게 말하기를, '새 관백은 수길의 조카인데, 잔치를
세 번이나 크게 차리고 관백을 청하였으나 세 번 다 오지 않았으므
로 새 관백이 매우 원망하였다. 마침 수길을 죽일 것이라는 간언(間
言)이 있었으므로, 수길이 그를 죽이고 그 겨레붙이와 휘하(麾下)를
다 죽였다.'라고 하였습니다."

상이 물었다.

"그렇다면 실은 죽이려고 꾀한 것이 아니다. 수길이 태합(太閤)이
라 자칭하는데, 새 관백이 또 있었는가?"

조덕수가 아뢰었다.

"수길은 나이가 예순셋이고 아들 하나가 있는데 나이가 겨우 다
섯 살입니다. 관백 위에 황제가 있는데, 전에는 관백이 업신여겨
예대(禮待)하지 않고 또한 급료(給料)하지 않았으나, 수길에 이르러
비로소 우대(優待)하였습니다. 관교(官敎)는 반드시 황제에게서 나
오나, 황제는 또한 관백이 하는 일을 모릅니다."

상이 물었다.

"지나는 일로(一路)에서는 배신을 후대하던가?"

조덕수가 아뢰었다.

"국도보다는 조금 우대하였습니다. 또 각 도(各島)에서는 스스로
장만하여 명사를 공궤(供饋)하였는데, 일기도는 궁핍하여 접대할
물건이 없으므로 닷새를 지내면 속수무책일 것이라고 했습니다."

상이 물었다.

"명사와 배신(陪臣) 일행은 빠짐없이 나오는가?"

덕수가 아뢰었다.

"정사(正使)의 장관(將官) 한 사람과 가정(家丁) 두 사람, 부사(副
使)의 서자(書子)와 가정(家丁) 각기 한 사람씩이 지진 때에 눌려 죽
었고, 그 나머지는 다 나옵니다."

상이 말했다.

"양사(兩使)는 사포(沙浦)에만 가고 국도에는 가지 않았겠다."

조덕수가 아뢰었다.

"부사는 지진 전에 국도에 들어갔다가 돌아왔고, 정사는 들어가
지 않았다 합니다."

상이 물었다.

"너희들이 비밀히 온 것을 양사가 모르는가?"

조덕수가 아뢰었다.

"신이 올 때 조신(調信)의 군관(軍官)인 왜인과 잠행(潛行)하여 절영도(絕影島)에서부터 어렵게 노를 저어 밤을 타서 왜영(倭營)과 멀리 떨어진 곳에 상륙(上陸)하여 암암리에 왔으니, 명사와 진 유격(陳遊擊)은 다 알지 못할 것입니다."

우준민이 아뢰었다.

"조신이 우리나라 사신의 행차를 보호하는 것은 우연한 것이 아닌 듯합니다."

상이 물었다.

"평조신은 요구가 별로 없던가?"

조덕수가 아뢰었다.

"조신도 일을 성취하지 못한 것을 부끄럽게 여겼습니다. 부사가 정성 등에게 말하기를, '나를 죽이기는 쉬우나 왕자를 오게 하기는 어렵다.'라고 하니, 조신이 말하기를, '일본이 이번에 왕자를 사로잡으려고 사신을 구박하려는 계책이 이미 결정되었다. 다른 나라의 일일지라도 어찌 이렇게 해야 하겠는가. 죽은 뒤에 악명을 남게 할 뿐이니, 내 입장에서 다시 무슨 말을 하겠는가.'라고 하였습니다."

상이 물었다.

"그대들은 어느 지방 사람인가?"

조덕수가 아뢰었다.

"신은 김제(金堤) 사람입니다."

박정호도 아뢰었다.

"신은 영해(寧海) 사람입니다."

상이 물었다.

"다 출신(出身)하였는가?"

조덕수가 아뢰었다.

"신은 출신하여 수문장(守門將)이 되었습니다."

박정호도 아뢰었다.

"신은 출신하여 직장(直長)이 되었습니다."

상이 물었다.

"양사는 어느 때에 부산에 이르는가?"

조덕수가 아뢰었다.

"일기도에서는 관대(館待)하기가 어려우므로 명사가 반드시 오래 지체하지 않을 것이나, 순풍을 만나야 배를 띄울 수 있습니다. 신이 올 때부터 동남풍이 전혀 없었는데 바람이 없을 경우 일기에서부터 노를 저으면 2, 3일 만에 대마도의 동북 모퉁이 도회에 이를 수가 있습니다. 왜자(倭子)가 말하기를, '1월 1·5·20·23일의 바람에는 배를 띄울 수 있다.'라고 하였는데, 바람이 순하면 빨리 올 수 있을 것이나, 오는 것이 더디고 빠른 것은 신도 헤아릴 수 없습니다."

사시(巳時) 끝 무렵에 파하여 나왔다.

찾아보기

동사록東槎錄
출처 :《觀感錄》, 日本 名護屋城박물관 소장

목사공사적牧使公事蹟
출처 :《觀感錄》 권4, 국립중앙도서관 소장

통정대부행상주목사박공행장通政大夫行尙州牧使朴公行狀
출처 :《存齋先生文集》 권6, 한국고전번역원

묘갈명병서墓碣銘幷序
출처 :《觀感錄》 권4, 1847, 국립중앙도서관 소장

통정대부상주목사박공묘갈명병서通政大夫尙州牧使朴公墓碣銘幷序
출처 :《鶴沙先生集》 권7, 한국고전번역원

여기서부터는 影印本을 인쇄한 부분으로 맨 뒷 페이지부터 보십시오.

乃其分也。變作而身澕海外後還而天邃棄壽卒之志不
展而才不售天何意哉公治民有異政所莅皆有去後思。
立碑以頌德特餘事也。配月城孫氏鷄川君昭之孫直長
晉之女無子有二女長進士李時淸子二曰辛逸子楷次
科曰傳逸子根梜杬次忠義尹湯聘子二歲高側室子曰
珉子文徵乃能撫取公行蹟請李參奉徵逸叙次之參奉
有學行其言可徵信是宜銘銘曰。
公之忠足以殉國家公之勇足以息海波公之命其如苔
短何。

虞士月城李公墓碣銘幷序

毫毛不敢近。按治宮奴之病民者以法聞。大駕播越濟

泣不入寢室。伯氏節度公戰不利大慟不食累日慨然欲

敎力兵間得三駿馬常調習嘗以中軍馳入都體府李相

元翼陣中。三駿齊驅其疾如飛。一軍聳觀都體府迎勞喜

甚初到日本秀吉鋪文繡轅門外大張兵威劍戟如雪人

皆股慄下馬步公獨策馬而進。一日淸正熾炭火使謂曰。

將置使臣其上公答曰。敢不解衣以就跟行族人泣嗚咽。

公怒杖之會有兩毛之異關酋憚而止異哉將還都日本

贐遺授從者行橐還二倭劍只勢日本地圖而行焉夫以

公之賢當搶攘之際其忠貫金石其勇冠三軍劃亂扶顚

鶴沙先生文集卷七　旲六

西厓柳先生薦之也。撫瘡殘設屯田繕甲兵。邑遂以完屹

然為南都鐵壁。　朝廷褒其勞荐擢軍資寧樂正而難其

代仍之丙申。　天朝遣楊邦亨沈惟敬將封平秀吉為國

王。　朝廷墜公通政副黃判書愃偕行。到五沙浦聞秀吉

有悖慢語一行洶懼莫敢進。公力請上使前至其國都秀

吉不受命促。　天使及我國使偕還且聲言再調兵將出。

公欲先馳啓。　天使難之公謀于上使潛遣軍校　啓之。

既還除順天因大丘民願仍大丘先是公已憂悴成疾至

是症遂劇辞歸拜尚州不赴戊戌八月卒于家十二月葬

敂水洞先塋側嗚呼公器局峻整義氣奮發濟州多寶貝

通政大夫尙州牧使朴公墓碣銘幷序

《鶴沙先生集》권7, 한국고전번역원)

通政大夫尙州牧使朴公墓碣銘幷序

公諱弘長字士任務安朴氏高麗典酒諱進昇皇祖也。

贈司僕正諱之蒙 贈工曹參議諱榮基 贈安曹判書

行延日縣監諱世廉曾祖考也妣英陽南氏。贈貞夫人。

嘉靖戊午生公于寧海元丘里焭焭善草隸善屬文旁通武

藝中萬曆庚辰科歷阿耳萬戶八爲宣傳官出判濟州瓜

滿値壬辰亂雷爲助防將丁判書公憂猶不得解歸大夫

人上言陳乞乃得遞到海南聞除靈巖到任未幾移大丘

天與時者非己之所得與也在己者非天與時之所得奪

也嗚呼是可以銘公也。

碑以頌德特餘事也配月城孫氏雞川君昭之孫直

長晉之女無子有二女長進士李時清子二曰莘逸

子楷文科曰傅逸子根杭榕次忠義衛尹湯聘子

二晟高側室子曰琭子文徵乃能摭取公行蹟請李

參奉徵逸撰次之參奉有學行其言可徵信是宏銘

銘曰

公之忠足以殉國家公之勇足以息海波公之命其

如苦短何通政大夫前承政院右承旨兼 經筵參

贊官春秋館修撰官豐山金應祖撰

通政大夫行尚州牧使朴公諱弘長字士任系務

觀感錄四

八

相元翼陣中三駿齊驅其疾如飛一軍聳觀都體府
迎勞喜甚初到日本秀吉鋪文繡轅門外大張兵衛
劒戟如雪人皆股慄下馬步公獨策馬而進一日淸
正熾炭火使謂曰將置使臣其上公答曰敢不解衣
以就跟行族人泣嗚咽公怒杖之會有雨毛之異關
酋懼而止異哉將還却日本贈遺搜從者行橐還二
倭劒只攜日本地圖而行号夫以公之賢當搶攘之
際其忠貫金石其冑冠三軍刻亂扶顯乃其分也變
作而身滯海外使還而天遠奪筆壽卒之志不展而才
不售天何意哉公治民有異政所莅皆有去後思立

4

浦聞秀吉有悖慢語一行洶懼莫敢進公力請上使
前至其國都秀吉不受命促　天使及我　國使偕
還且聲言再調兵將出公欲先馳　啓　天使難之
公謀于上使潛遣軍校　啓之旣還除順天因民願
仍大丘先是公已憂悴成疾至是證逐劇舁歸拜尚
州不赴戊戌正月卒于家二月葬椒水洞先塋側鳴
呼公器局峻整義氣奮發濟州多寶貝毫毛不敢近
按治宮奴之病民者以法聞　大駕播越涕泣不入
寢室伯氏節度公戰不利大慟不食屢日慨然欲效
力兵間得三駿馬常調習嘗以中軍馳入都體府李

觀感錄四

七

贈兵曹判書行迎日縣監諱世廉曾祖考也姚英陽

南氏　贈貞夫人嘉靖戊午主公于寧海元丘里第

善草隷善屬文翁通武藝中萬曆庚辰科歷阿耳萬

戶入爲宣　傳官出判濟州丞滿值壬辰亂雷爲助

防將丁判書公憂猶不得解歸大夫人上言陳乞乃

得遞到海南聞除靈巖到任未幾移大丘西厓柳先

生薦之也撫瘡殘設屯田繕甲兵邑遂以完屹然爲

南都鐵壁　朝廷褒其勞荐擢軍資掌樂正而難其

代仍之丙申　天朝遣楊方亨沈惟敬將封平秀吉

爲國王　朝廷陞公通政副黃判書愼偕行到五沙

2

墓碣銘幷序

（《觀感錄》 권4, 1847, 국립중앙도서관 소장）

其人焉公聚月城孫氏雞川君昭之孫直長普之女
有二女長適進士李時清李適忠義衛尹湯聘進士
有二子莘逸傅逸莘逸有一子曰楷文科傅逸有四
子曰根柲杭榕忠義儒有二子晟高晟有四子長曰
大年餘幼高有子皆幼公有側室子𤥦𤥦之子三人
長卽文徵方主公祀其攷文戴文明戴寧後人李徽
逸謹狀

墓碣銘 幷序

公諱弘長字士任務安朴氏高麗典酒諱進昇鼻祖
也 贈司僕寺正諱之蒙 贈工曹參議諱榮基

觀感錄四　　六

餞月固邦本至惠迎奉使儺庭臨死不懼大節也凡
此數者有一於是尙不可以泯焉絅兹具美其可無
傳兹敢忘其淺陋評隲舊行以寓夫平日詹慕之誠
若夫揚襃顯之文舉懲勸之法以彰示于來世則在
孚其人焉公娶月城孫氏鷄川君昭之孫直長普之
女有二女長適進士李時淸李適恩義衛尹湯聘進
士有二子曰莘逸傳逸恩義衛有二子曰晟昊儇室
女有二子長節文徵次文戴文明文徵有五子長
子球有三子長節文徵次
曰沼餘幼

禦侮將軍行都摠府經歷朴公家狀

先　啓賦情公將還日本賂遺甚多皆都之搜從者
裝有倭銅二口即歸之子靖正行橐兵有日本地圖
及衣衾而已公自在大丘已憂悴成疾及歸自日本
病益甚自大丘載歸于家竟不起人望方隆天奪斯
遍遠近嗟悼以爲邦家之不幸公威嚴莫犯不諠而
人畏之及蒞民爲治嗚嗚然猶恐有傷在濟凡六年
在大丘三考惠澤優洽民視猶父皆立碑頌之及卒
視厩唯戰馬三匹視藏唯弓矢數稍無餘積焉公藝
窮百中善草隸多技能才望出輩流然非公所重夫
喜讀書躭貨財淸也途邑害不畏強禦勇也肉骨鯀

二一

刻將柰何因嗚咽失聲公叱曰。國書未傳分當委
命波尚畏死邪推出誅之倭皆戰懼會天雨毛積地。
關白懼炎不敢加害並促 天使楊方亨沈惟敬等
同我使回去且言再調兵繼出公就見 天使曰俺
等既未得傳 命。又聞再肆蠧盡不可不及時馳
啟 天使曰待我羞聞同時發遣可也蓋沈惟敬本
欲繼縫兩間苟欲成好而事竟不諧自恐得罪見誅。
故緩於陳羨公固請曰小邦與 天朝勢異一日先
報有一日之關不可緩也 天使終不聽公與上使
謀曰寧得責於 天使不可誤 國家事遂遣軍官。

驚閒者甚懼以爲進必爲戮當畱此以待公言于上

使曰阮奉 命至此雖有萬死豈可懷疑不進以重

辱 君命乎即與上使擧帆直至關伯所淸正簇擁

兵器轅門外數里皆舖文繡以耀之人皆膽戰目眩

不敢騎行公獨簽馬騰踏如入無人之地倭將拊視

愕然曰朝鮮有人也淸正各館兩使使不得來往公

言子守門者爲見上使怒之以無動每晨必整冠帶

蕭然端坐意氣陽陽若平日一行賴以自安一日淸

正饋炭子地使謂曰吾將實使於焰上公答云吾將

解衣就之有跟行族人泣而前曰炮烙之慘迫在頃

十七

日本舟封平秀吉為國王游擊沈惟敬要我使同行。

為調戰兩國計。朝廷以黃慎為上使陞公堂上以

副之時倭兵尚雷釜山賊情叵測人皆洶懼以為必

死無回公不以為意促裝就途將發親戚或涕泣牽

衣公曰臣子奉　命出疆唯　王事未竣是憂豈以

軀命死生為念汝等休矣到五沙蓋浦倭將平調信

來傳關伯之意期以某日接見使臣既而秀吉改

曰我國欲通上國而朝鮮過不以聞沈游擊欲調停

上國與日本而朝鮮沮撓百端且我放還朝鮮王子

朝鮮當使王子來謝而使臣秩卑是慢我也辭甚悖

賊懷頷使不得橫肆者繄公是賴。朝家較績焯勤

眔狀裒然而公終不離本州蓋無公則無以爲州也

李公遹在外未返兼程亟趨。公素畜三駿是日自騎

草公元翼關體授于本道將合操諸軍檄公爲中

其二一戴弓矢一戴器仗并首齊驟如飛一軍皆驚

體察使亦起視曰眞所謂人馬相得也既至體察使

勞曰公之能名則固聞之矣。何得如此。公

對曰小官當壬辰之變袖手遠島不能就一纊目今

冦酋未已冀憑馳驅之力以效尺寸之勞故求得此

馬調練至此耳體察使爲之動容丙申。 天朝遺使

寧齋上正文集卷之六

十八

兄果能如此。在濟聞判書公計以　國事方急不敢

擅歸。因哀毀成疾。太夫人上言乞哀。特　命遞歸公

聞

　命急。還冒風濤前進。舟幾覆。幸免行至海南。聞

有靈巖之　命。到官未數月。朝廷以大正當嶺南

要衝。首擬公為府使。時西厓柳先生在政府。啓曰。

新府使朴弘長。乃毅長之第。而武將中最揓有名勿

任以他務。使之專意於保聱。公於是竭心焦慮撫摩

周療。仍募民屯田。貸傷邑租佶千斛。為種載粥與醬。

親飭督耕。秋果大熟。得石者凡三千有餘。因此漸有

儲峙。得以接　天兵。賑餓民。屹然為東南巨鎮。能制

也。嘗通判濟州。濟號多奇詭異寶公一無所問曰藥

弓。夜必讀書兵家史記靡不習貫尤喜讀小學曰此

一部　君父所賜也。有　王子縱奴買馬優刼州民。

官不能禁公按治不少貸。一州駭震以為必有奇禍。

辛亦無事壬辰瓜滿將遞值倭亂雷為助防將聞

大駕西狩潸泣不八霽室曰。　主上播越臣子何心

安慶邪。時公兄節度公毅長為慶州判官始選賊不

刻公聞之大慟曰吾家世受　國恩分當效死而弟

拘於此兄又失守平生報　國之願違矣何以見天

日乎因不食累日及聞慶州捷音卽杖劍起立曰吾

李子淞先生文集卷之二

十二

3

海府元皇望業中萬曆庚辰武科。由阿耳萬戶歷宣

傳官濟州判官靈巖郡守大丘府使。自大丘府使陞

叙爲軍資監正。又除掌樂院正。未幾充日本通信副

使。旣還拜順天府使。因大丘民上疏乞留仍知大丘

府以疾棄歸。俄拜尙州牧使。病未之任戊戌正月三

日終于家享年四十一。無子榦家事且無故吏能言

其事者曰事時功莫得而詳。後公歿六十年公之側

室子琛之子文徵。始掇拾其父遺錄及衆所稱道可

徵信者來告于李逸。使辭而陳之惟公英邁挺特。

儀表峻整氣肅而語寡弱冠有相者見之曰眞名將

通政大夫行尙州牧使朴公行狀

《存齋先生文集》권6, 한국고전번역원

嘗見聞者錄其言行大槩如此世之君子其必有採
擇而揚闡之者矣甲辰十月日安陵李徽逸謹狀。

通政大夫行尙州牧使朴公行狀

曾祖　贈通訓大夫司僕寺正諱之蒙。　姓淑人
野城朴氏。

祖　贈通政大夫工曹參議諱榮基。　姓淑夫人
丹陽申氏。

考　贈資憲大夫兵曹判書行迎日縣監諱世廉。

妣貞夫人英陽南氏。

公諱弘長字士任其先務安人也嘉靖戊午生于寧

其人蜀公娶月城孫氏雞川君昭之孫直長普之女
有二女長適進士李時清李適忠義衛尹湯聘進士
有二子華逸傳逸華逸有一子曰楷文科傳逸有四
子曰根柢杭榕忠義衛有二子晟昌晟有四子長曰
大年餘幼昌有子皆幼公有側室子球球之子三人
長卽文徵方主公祀其坎文載文明載寧後人李徽

逸謹狀

墓碣銘 幷序

公諱弘長字士任拵安朴氏高麗典酒諱進昇鼻祖
也 贈司僕寺正諱之蒙 贈工曹參議諱榮基

觀感錄四

六

奪斯遽遠近嗟悼以爲邦家之不幸公威嚴莫犯不

惡而人畏之及莅民焉爲治焉焉然猶恐有傷花瀋凡

六年在大丘三考惠澤優洽民視猶父皆立碑頌之

及卒視廄唯戰馬三匹視藏唯弓矢數箱無餘積焉

公藝窮百中善草隸屬文皆出輩流焉非公所重夫

悅古訓疎貨財清也除邑害不畏彊禦勇也肉骨蘇

殘用固邦本至惠也奉使雜庭臨死不懼大節也凡

此數者有一於是尚不可以泯焉矧玆具美其可無

傳玆敢忘其賤陋評隲舊行以寓夫平日眷慕之誠

若夫揚襃癉之文舉勸懲之法以彰示來世則在乎

俺等既未得傳　命又聞再肆萬毒不可不及時馳

啓　天使曰待我奏聞同時發遣可也蓋沈惟敬

本欲彌縫兩間苟欲成好而事竟不諧自恐得罪見

誅故緩於陳奏公固請曰小邦與　天朝異勢一日

先報有一日之備不可緩也　天使終不聽公與上

使謀曰寧得責於　天使不可誤　國家事潛遣軍

官先　啓賊情公將還日本賂遺甚盛皆却之搜從

者裝有倭劍二口即歸之于淸正行橐只有日本地

圖及衣衾而已公自在大丘已憂瘁成疾及歸自日

本病益甚自大丘載歸于家竟不起疾人望方隆天

觀感錄四

五

9

敢騎行公獨策馬騰踏如入無人之地倭將相視愕
默日朝鮮有人也清正各館兩使使不得往來公言
于守門者爲見上使勉之以無動每晨必整冠帶肅
黙端坐意氣揚揚若平日一行賴以自安一日清正
熾炭于地使謂曰吾將置使於焰上公答云吾將解
衣就之有跟行族人泣而前曰炮烙之慘迫在頃刻
將奈何因嗚咽失聲公怒叱曰　國書未傳分當委
命汝尚畏死邪推出杖之倭見之皆戰懼會　天雨毛
積地關首懼灾不敢加害許　天使楊方亨沈惟敬
等同我使回去且言再調兵繼出公就見　天使曰

臣子奉 命出疆唯 王事未竣是憂豈以軀命死

生爲念汝曹休矣到五沙蓋浦倭將平調信來傳關

白之言期以某日接見使臣既而秀吉改辭曰我國

欲通 上國而朝鮮遏不以聞沈游擊欲調停 上

國與日本而朝鮮沮撓百端且我放還朝鮮王子朝

鮮當使王子來謝而使臣秩卑是慢我也辭甚悖驁

聞者甚懼以爲進必爲戮當留此以待公言于上使

曰既奉 命至此雖有萬死豈可懷疑不進以重辱

君命乎卽與上使擧帆直至關白所清正羨擁兵

器轅門外數里皆鋪文繡以耀之人皆膽戰目奪不

觀感錄四

四

弓矢一載器仗并首齊驟如飛一軍皆驚體察使亦
起視曰眞所謂人馬相得也既至體察使勞曰公之
能名則固聞之矣馬力閑習何得如此公對曰小官
當壬辰之變袖手遠島不能就一續目今寇亂未已
冀憑驅馳之力以效尺寸之勞故求得此馬調練至
此耳體察使爲之動容丙申　天朝遣使日本冊封
平秀吉爲國王游擊沈惟敬要我使同行爲調戰兩
國計　朝廷以黄愼爲上使陸公堂上以副之時倭
兵尚留釜山賊情叵測人皆洶懼以爲必死無回公
不以爲意倮裝就途將發親戚或有涕泣牽衣公曰

生在政府　啓曰新府使朴弘長乃毅長之弟而武
將中最禨有名易任以他務使之專意於保甚可也
公於是竭心焦慮撫摩凋瘵仍募民屯田貸菊邑租
若干餠爲種載粥與醬親餉賢耕秋果大熟得石者
凡三千有餘因此漸有儲待得以接　天兵賑饑民
屹然爲東南鉅鎭能制敵腰領使不得橫肆者繄公
是賴遂陞爲軍資掌樂正皆　朝家所以較績焯勤
而公終不離本州蓋無公則無以爲州也李相公元
翼開體府子本道將合操諸軍檄公爲中軍李公適在
外未返兼程忽趨　公素畜三駿是日自騎其一一載

觀感錄四

三

5

倭亂雷爲助防將聞　大駕西狩涕泣不入寢室曰

主上播越臣子何心安處邪時公兄節度公毅長

爲慶州判官始選賊不利公聞之大慟曰吾家世受

國恩當急效死而弟拘於此兄又敗績平生報國

之願違矣何以見天日乎因不食屢日及聞慶州捷

音卽杖劒起立曰吾兄果能如此在濟聞判書公計

以國事方急不敢擅歸因哀毀成疾大夫人上言乞

哀　特命遞還公聞　命急歸冒風濤前進舟幾覆

幸免行至海南聞有靈巖之　命到官未數月　朝

廷以大丘當嶺南要衝首擬公爲府使時西厓柳先

4

事且無故更能言其事者曰事時功莫得而詳後公
歿六十一年公之側室子球之子文徵始掇拾其父
遺錄及眾所稱道可徵信者來告于李徵逸使辭而
陳之徵逸晚生同邑贅于公門聞公事最詳茲不敢
辭焉惟公英邁挺特儀表峻整貌偉而心宏氣肅而
語寡弱冠有相者見之曰真名將也嘗判濟州號多
奇玩異寶公一無所問日業弓矢必讀書兵家史記
歷不習貫尤喜讀小學曰此一部　君父所賜也有
王子縱奴買馬侵刔州民官不能禁公按治不少貸
一州震駭以為必有奇禍竟無事壬辰瓜滿將遞值

觀感錄四

二

事行奉列大夫迎日縣監諱 世廉

公諱弘長字士任其先務安人也嘉靖戊午八月一

妣貞夫人英陽南氏

日生于寧海府元丘里第中萬曆庚辰武科由阿耳

萬戶歷宣 傳官濟州判官靈巖郡守大丘府使自

大丘府使陞敍爲軍資監正又除掌樂院正未幾充

日本通信副使旣還拜順天府使因大丘民上疏乞

雷仍知大丘府以疾棄歸俄拜尚州牧使病未之任

戊戌正月三日終于家享年四十一以其年二月五

日葬于椒水洞先塋之側酉坐卯向之原無子幹家

牧使公事蹟

《觀感錄》권4, 1847, 국립중앙도서관 소장

觀感錄卷之四

附牧使公事蹟

通政大夫行尚州牧使朴公行狀

曾祖 贈通訓大夫司僕寺正行果毅校
尉忠武衛副司直諱 之蒙

妣淑人盈德朴氏

祖 贈通政大夫工曹參議行振威將軍
龍驤衛右部將諱 榮基

妣淑夫人丹陽申氏

考 贈資憲大夫兵曹判書兼知義禁府

觀感錄四

一

東槎錄

(《觀感錄》, 日本 名護屋城박물관 소장)

附東槎錄

丙申七月三十日晴譯官李愉文應樞朴大根金德元等陪

書幣行到慶州地十里外先送使道堂上加資肅拜後設帳

幕行五里程威儀出迎奉安龍亭陪到同府日已酉矣是日

往監司下處一行員役並告辭退

八月初一日晴黎明起身憩馬于同府卅里許佛淵頭設帳幕

兩衙伯隨尾䢅到先行小酌次進朝飯是時黃山察訪來見

爲日晡拜別行以彥陽城內無旅館勢不獲已秣馬南川日

暮天陰咫尺不辨更至三鼓陣中鷟撓俄而乃止炮放調察

則軍官權永宗爲虎所攫吶喊追屍即令官人歛以其服物

移文産陽俸使之完實藁葵以待其家人整勒軍伍俾不交

睫然已羊補牢呼何及矣

二日朝瀁暮雨朝發止于梁山地狗地上朝飯上使軍官問安

日午起馬山雨淋〻道路泥濘歷入梁山 此下缺

三日晴陰朝行四十餘里少憇整勒入馬 缺顏坅禾黍雉〻垂

醫戴白迎路潺泣秣馬飯訖使道朝脈上馬陪龍亭前程五

里上使設帳幕迎 書幣迎行平調信率從三十餘人出迎

五里使道下馬摒見是時細雨霏〻行挐兩傘皪羌幼罷

市爭觀猶恐不及止于上使下處奉安 書幣西調信替促

下海

四日晴先般下行李于船上後隂　書幣奉安託使道同上使

即詣陳游擊衙門辭拜而還日夕上使来見使道對話俄西同

上使發船是時朴直長南主簿朴宣傳官自慶州跟来拜別

海邊上使船三隻使道船三隻調信船二隻一時摇櫓移泊

絶影島是日封狀　啓

五日朝晴午雨風順波恬天明發船及至中洋雲霧晦冥風雨

暴作驚波怒濤檣楫莫定橫流浚雲甚望對馬島計無

及至矣不得已回泊絶影口舟中之人無不嘔洩顚仆矣俄

頂雲収雨霽日懸兩竿及記夕食天朗氣澄星爛如燈懷思

感激之中遂聲歌音聊以自慰

六日晴陰風勢不順仍泊絕影島封狀　啟出送　缺

七日陰而送風連吹濤浪卷撞烟雨飄灑緃舟實難仍泊待風

爲調信飯膳酒肴送呈

八日陰辰時風順掛帆行舟日夕直抵對馬西浦繫纜䋲夜上

使下船宿于西福寺是昏調信送餽魚菜數十殘戸依於島

嶼之間而醜貌詭狀目不忍正視矣自絕影至西浦水路約

五百里

九日雨日晚上使以短艇来見是日風亂仍泊

十日晴朝曛初旭遇風發船波浪接天家山杳然向夕到對馬

府中島口回抱人家殘破而不多客館精麗而不完墙壁金

4

白木扳屋矢我　國被脅男婦爭迎源泣而染齒百餘頭

整鞍馬迎于海岸使道偕上使上馬直詣上使下廳坐未定

調信入謁而退俄而倭子進記茶禮還于館所沈游聲標下

李中軍悟　諳勅留待此島矢是皆使道俗正使往拜寫簿

膺山田外無水田數頃而一行員役輪供酒飯遲盡精潔格

軍則散料矢自西浦至府中水路二百里府中者乃島主所

居之處也

十一日晴風勢不順仍留島主義智妻送餽魚酒回以　鈌是祀

封狀　啓令上使　鈌

十二日晴風亂仍留　鈌位郡與良郡依須郡醯豆郡右八郡名

5

俻魚酒来餉焉八郡中一郡北 僅乃我 國則僅 一村落而居

不滿二十餘戶南北濶遠東亞狹小錢穀不敷人物不衆此

非關防巨鎮徒守疆圉風土薄惡俗好種蕎鷗好服斑衣常

佩大小刀崇奉佛法儒教不行名分寮亂矣且闢田山崖禾

穀不稔只有水田三四包量兩一包所收不過六七石云是

故島民無恒産恃心專以商販為業漁採為生盜掠為事其

困獎之狀難以悉記盖八郡道里相距既未目擊又無指諗

者故莫得以詳錄為府中周回僅六七里云矣

十三日陰雨風亂仍留府中新造清道令形名等旗為府北有

福利寺居僧三四以竹覓取泉注於屋上寺址又有老狙跨

6

長松而搞蘿云矣 府南有慶雲寺

十四日陰兩風亂仍留調信餽以太牢是日封狀 啓及宿有
興懷感物之思秋雨孤悶虫聲引愁風鳴屋角宿夢難圓矣

十五日朝晴暮雨風亂仍留是日上使讓李中軍公館移于使
道下慶雲寺道亦移席東偏是夕中軍舍于慶雲寺邀請使道
偕正使往拜杯酒園藥而罷南蠻國人被俘來居者亦多云
僧人則只供燈燭修掃而已是日秋夕也使道以若于魚肉

同上使送禮于李中軍

十六日乍晴乍雨風亂仍留日晩正使以常服來見使道是日
李中軍以省背一雙唐扇二把送禮即回以五色禮物

十七日朝晴夕雨風亂仍留

十八日風阻辰初發舡行未十里風浪甚惡欲前則檣傾楫摧

欲遝則風遞莫旋横流廿里許得一島口名曰内浦人家不

多浦洞有水田四石量禾盛發穗傍有人云此朝鮮被停人

新兩墾耕也日夕上副使下舍甘露寺

十九日陰風亂仍留 二十日晴風亂仍留 二十一日晴風

亂仍留 二十二日晴仍留待風

二十三日晴雞鳴發舡櫓後炯雲卷舒風浪排空行至十五里

歇舟和語濱暮到府中上副使同舍西山寺調信進酒魚

二十四日晴晨興飯訖將發舡愁雲四起 欸

二十五日晴天明發船暮到一岐島風本浦居家僅百餘戸當

畬遍山水田罕有船舍寬濶容泊千艘南峰上高築三層望

臺此島屬於飛鸞島主法印法印領兵住釜山云是日封

啓出送因寄家書

二十六日晴仍留待風

二十七日晴仍為待風是日問日本消息於調信答云沙盖及

國都等處地震人家塌壞壓死者多至萬條楊 天使寓館

点倒扶出僅免怪變近古所無云且言關白只誅 詰教與

信使之行即完大事日本謝恩使偕 天使九月間出來云

此浦之倭護以無島主一行貨役専不供給調信出銀貿米

而供又致中牛

二十八日晴辰時發船暮到浪古耶舡舡島主往在本國時有

假守云島勢廣潤人物繁盛市里連亙二里許盖板屋廬延

亙山谷無慮四五百區客館壁起山頂松峯上屹立七層塑

臺尾盖粉餙壁矣舡舡長而潤可藏萬艘而見在大船十隻

中船十隻滿載板木又有中舡三十隻太半破毀短艇小舸

亦至四十餘矣被擄男婦懷恐首丘自遠近來集者千百為

群而亮徒禁抑幽囚不放或有聞我聲音未哭者慘不忍相

視兒時見俘者列口熟鵝舌不解我語良可悼歎也此島管

四十餘村云矢目風本浦至此水路四百五十里

二十九日晴日午上副使下舍市家

閏八月初一日午雨乍晴日午移泊五里許呼右浦下宿村舍

二日晴諸船櫓役行至貴志歇舟飯訖日昏我 國船二隻牽

纜而行島嶼縈迴波瀾洶洶行至唐泊參橫河轉夜已深矣

泊此經宿越岸人家歷歷可三十餘田睡滿山矣自呼右至

此水路一百五十里貴志唐泊皆屬於筑前州

三日晴辰時菱船夕到藍島新搆公館弘敞精麗覆之以箬圍

之以竹尤可瀟灑傍有人家數十商船七隻嶪屹矣此館盖

為 天使新劍云目唐泊至此 蚨

四日晴卅時地震辰時發船 蚨 至四百餘田穀已熟菁菜方盛

矣初吏求移泊船舍風雨暴作夜半少止自藍島至此水路

一百八十里

五日風雨仍留

初六日晴仍留待風是日調信以魚酒散料来餽

七日晴巳時菱船被俘男女四十餘呼泣右左目不忍見暮到

赤間下關上副使下宿阿彌陀寺板屋連甍迤邐沿岸上哭至

八九百戶人物甚象船舍闊遠可藏萬艘實是皆開長平衛

門餼送散料自芦屋至此水路百里

八日晴巳時諸船張帆而行十五里許此邊山下有長門府中

閭閻櫛比物色殷富遠莫能知自府中東距二十里有尾郡

波風渡等村人家不多自此行三十里許有周防舊州喬樹

欝〻人家罷〻南洋中有四州山勢高遠人物阜盛昔日謀

迤今降附木豐前州初更末到泊周防地向島經夜波面要

静皓月千里自下開至此水路二百里

九日晴質明撹後西行南有豐前州址横周防山岛與縈紆多

有泊船之所而人家則罕見矢夜泊上開漁火煌〻月色如

畫下舍厶館此為 天使新搆云自向岛至此水路一百八

十里此地屬松周防州

十日晴日晚發船暴抵熊貴舟中経夜波光渔瀲山月婆娑此

地屬松周防州目上開至此水路五十里

十一日晴天明發棹夜到可望介里凉風拂面寒雲遮眼矣目

熊貴至此水路二百里

十二日朝晴夕雨亥時地震黎明發舡行百八十里許曾天驟

雨日又昏黑風浪捲帆遂泊宿道母上島之内無唐舍此地

屬於備後州自可望介里至此水路一百九十里有一倭來

云豐後州府中閭閻櫛比人物阜盛素稱形勝矣前月初九

日白晝地震淪陷成海萬餘人畜一時湊沒當是時也甚至

適往京城免死云同月十二日攝津州兵庫又爲地震屋廬

千餘一時倒塌烈火随爨居民死者無筭云兵庫有虹門

滄往古平魚秀魚多莘滄内興妖作怪漁人投綱不惟魚不

可得未及回棹忽自覆溺其妻等亦隨呼而號沒者踵相接

世將為一國陷人之坑有一人慨然誓衆曰吾赴彼滄化為

平秀魚率其種類避徙南滇使億萬生靈安業漁採遂授水

死目是魚患遂見至今相傳其靈異自壬辰以來魚稍還集

天屢示警國人淘俱至有相泣曰素海之變迫在朝夕云

如此說雖不足信然院有異聞不可不錄爾

十三日晴雞鳴發船暮到備中州蛇島歇舟二更末移泊下露

村是夕金風乍起白露凄慄令人不禁其感時懷土之情矣

越岸人家不多委目上島至此水路一百八十里

十四日晴日晚莢船夕抵牛倉八十餘家沿岸而居委自下露

15

至此水路一百二十里

十五日晴風逆仍留是夜地震屋壓搖撼愍戶自開闔矣

十六日晴丗時地震天明發船向夕到泊幡摩州無露村人戶

百餘家逸居岸上船曉地勢家好笑自牛窓至此水路一百

里是夜村之里正云者未獻饌料

十七日晴難鳴發船夜泊攝津州兵庫開舟中經宿許多人家

果岩頹壞時方有改築者爲自無露至此水路一百八十里

十八日晴初昏地震早發午到沙盖李中軍先泊兩　天使與

倭将行長正成義智等偕近接　誥勅柁海岸奉安正使館

所我　國上副使隨到入拜兩　天使　天使立堂中而揖

託舍于常樂寺是昏義智以茶床来厭問候自兵庫至此水

路一百三十里

十九日晴日晩義智玄蘇来見上副使沙盖為地屬於河内州

高閣板屋連簷十餘里幾至萬家曾因地震間有頹壞未修

者壓死人畜無筭云突市中物色照耀奪目不知其幾千萬

種也

二十日晴仍留　二十一日晴仍留　二十二日晴仍留

二十三日晴仍留是夜半市中失火延燒六十餘家傳聞前月

十二日間沙盖五沙盖國都寺地土雨如注終日不露人不

得通行且連日地震屋廬傾倒壓死人畜幾至六七萬故開

白與國中大小之人咸懷慇懼之心云矣楊 天使標下金
于總及家丁四人沈 天使手下書記周璧及家丁二人市
為壓死以此兩 天使別營草屋而舍為是日行長等四自
京城來報曰開白聞信使之來極甚喜悅不待別營館宇當
於九月初二日會見 天使及信使云〻
二十四日朝兩晩晴仍留是夜半地震
二十五日陰留館 二十六日晝陰夜兩留館 二十七日晴
亥時地震留館 二十八日晴留飯是日開白來五沙盖
二十九日乍陰乍兩留館
九月初一日晨兩朝晴是日兩 天前往五沙盖
　　　　　　　　使上

二日晴仍留

三日晴仍留是日慶州官人来謁朝地震

四日朝陰午晴廿時地震是日兩　天使囬自開白所上副使

往楊　天使衙門使通事候問

五日晨雨晚晴上副使詰沈　天使衙問使通事候問被撴人

河東校生鄭昌世等来言七月望間五沙盖國都等地白毛

交雨下天終日不止炷而取見則長寸餘細如馬鬃國人相

傳為毛雨云

六日晴是日開白日朝鮮 以下缺

七日晴戌時地震上副使相見 缺

八日晴廿時地震上副使徃拜兩　天使缺

九日晴廿時地震調信來見上副使日午乗船囬泊沙盖船倉

十日晴舉帆早發到兵庫及昏調信船尾至諸船達夜櫓役

十一日晴午到無露舟中経宿

十二日晝晴夜兩諸船留待行長之來調信問安于上副使

十三日或陰或兩留泊是夜亞直來

十四日晴宿泊一行打粮

十五日晴是日上使生朝諸船夜發帆張齊行

十六日乍陰乍兩朝抵牛窗泊舟打粮是時行長自沙盖來先

行日午我船偕薆櫓役夜到宿露浦舟中経宿

十七日晴昨夜末諳水之淺深泊舟艎邊夜半潮退則舟在岸
上非惟不能動舟底破轟及其潮入水漏滿船窘甚失措之
際適池舟悤抹移次遷物然後始戒濡袖得免具載之患日
晚發棹夜到柄浦舟中経宿

十八日朝晴暮兩留泊一行打糧

十九日或兩或陰帆張早發夜到可望加里舟中経宿

二十日朝陰暮兩早發午到上開兩下如注舟中経夜

二十一日朝晴暮兩留泊一行打糧

二十二日陰留泊

二十三日晴朝发到周防地無數水末村泊舟待風

二十四日晴風逆艱到周防地水浦舟中經夜

二十五日。上副使相見暮到周防地未本山舟中經夜晴

二十六日晴晓發朝到赤間下開舟泊泊

二十七日晴舟泊舟中經夜一行打粮

二十八日乍雨乍晴舟泊

二十九日或陰或雨舟泊義智以菓物送餽上副使道

三十日乍晴乍雨舟王千總等二唐將見上副使一行打粮

十月初一日晴舟

二日雨舟一行打粮

三日晴舟

四日晴諸船張帆朝疥暮到藍島舟中徑夜是日正成自開日

所未

五日或晴或兩留一行打粮

六日兩留 七日朝兩暮晴留 八日晴留 九日兩曉發午

到浪古邪舟中徑夜

十日兩留是日正成請 天使設宴

十一日晴留是日正成以魚酒送禮于上副使回以油紙等物

一行打粮

十二日陰留是日朝令軍官朴挺豪趙德秀隄送狀啓

十三日晴偕 天使船張帆朝發午到一歧島綿羅浦舟中徑

夜自浪古郡至此一百三十里

十四日晴留泯戸三十餘家沿水而居船舎寬濶可容三百餘
艘

十五日晴朝發午到一歧島風本浦舟中経夜自綿羅至此八
十里是朝一行打粮

十六日雨留行長以果物送禮于上副使道

十七日陰朝日晩上副使道相見

十八日晴留　十九日晴留　二十日陰留　二十一日雨留
一行打粮　二十二日晴留　二十三日晴多一行打粮

二十四日朝晴暮陰留

24

二十五日或陰或雨曉茇夕到馬島府中調信義智等問候

上副使道是夕兩使下舍慶雲寺倭_殿夕飯茶床

二十六日陰留府中是日平義智請宴兩 天使

二十七日兩留 二十八日兩_雨 二十九日兩_雨

十一月初一日 _閣

二日晴下船經夜

三日陰朝發船開洋還泊府中 四日或陰或雪留府中 五

日晴留府中 六日晴朝仔船夜深到西浦舟中經夜

七日晴早發櫓役 _既 東峰高作望臺自此至釜山水陸四百八

十里人戶不過十餘家矣

八日朝晴暮陰留大浦一行打粮

九日朝晴暮兩留大浦待風 十日風兩大作 十一日或陰

或雪大風 十二日晴大風或大浦待風 十三日晴或大

浦待風 十四日陰大風留待風 十五日或陰或晴大風

仍留候風 十六日陰留待風

十七日晴諸船供發大詳中風勢不順 缺

十八日晴大風仍留干自釜山到此 缺 行次逢迎奴馬 缺

十九日晴風惡仍留舟中

二十日晴大風仍留舟中

二十一日或晴或陰仍留

26

二十二日晴仍為候風

二十三日晴辰時發船 天使兩行缺回泊于大浦云我 國

兩使缺中到泊于釜山

右東槎錄一帙逓奉使曾叔祖航海時日記也今不知

其出於誰手兩詳其語勢必奉使公管下掌史者所録

也其陰晴風雨道里次舍記之非不詳而奉使公咨謀

詢謀之間言動容色之際有之以鎮服同舟疊龔異類

者反不眼及焉甚可惜也且其草本出於塵蠹始煤之

餘淮之斷爛黑昧有不可讀是又重可歎甬然猶之以

因其存而識其三觀其所記而想像其所不記茲用附

著于奉使公遺蹟之末而其殘缺處則闕之詞之蕪猥

俚俗者亦不盡爰正盖欲不沒其實以傳信於後云甫

又按存齋所撰行狀中有曰悚欲加害使臣適有毛

雨之變闕首懼炎而止之語金鶴沙撰墓碣亦因公

今以日記考之兩毛之異在丙申七月中而奉使公

八日本國都時乃是年閏八月也彼此似粗悟然嘗

見朱文公年譜記先生易簀之日有大風扳木洪濤

椿崖之異而祝穆私識已辨其失實則記事之互有

異同無足恠矣

여기서부터 영인본을 인쇄한 부분입니다. 이 부분부터 보시기 바랍니다.

역주자 신해진(申海鎭)

경북 의성 출생
고려대학교 국어국문학과 및 동대학원 석·박사과정 졸업(문학박사)
전남대학교 제23회 용봉학술상(2019) ; 제25회 용봉학술특별상(2021)
현재 전남대학교 인문대학 국어국문학과 교수

저역서 『청허재 손엽 용사일기』(보고사, 2022), 『추포 황신 일본왕환일기』(보고사, 2022)
　　　『청강 조수성 병자거의일기』(보고사, 2021), 『만휴 황귀성 난중기사』(보고사, 2021)
　　　『월파 류팽로 임진창의일기』(보고사, 2021), 『검간 임진일기』(보고사, 2021)
　　　『검간 임진일기 자료집성』(보고사, 2021), 『가휴 진사일기』(보고사, 2021)
　　　『성재 용사실기』(보고사, 2021), 『지헌 임진일록』(보고사, 2021)
　　　『양대박 창의 종군일기』(보고사, 2021), 『선양정 진사일기』(보고사, 2020)
　　　『북천일록』(보고사, 2020), 『쇄일록』(보고사, 2020)
　　　『토역일기』(보고사, 2020), 『후금 요양성 정탐서』(보고사, 2020)
　　　『북행일기』(보고사, 2020), 『심행일기』(보고사, 2020)
　　　『요해단충록 (1)~(8)』(보고사, 2019, 2020), 『무요부초건주이추왕고소략』(역락, 2018)
　　　『건주기정도기』(보고사, 2017)
　　　이외 다수의 저역서와 논문.

농아당 박홍장 병신동사록 聾啞堂 朴弘長 丙申東槎錄

2022년 4월 29일 초판 1쇄 펴냄

역주자 신해진
펴낸이 김흥국
펴낸곳 도서출판 보고사

책임편집 이경민
표지디자인 김규범

등록 1990년 12월 13일 제6-0429호
주소 경기도 파주시 회동길 337-15 보고사 2층
전화 031-955-9797(대표)
　　　02-922-5120~1(편집), 02-922-2246(영업)
팩스 02-922-6990
메일 kanapub3@naver.com/bogosabooks@naver.com
http://www.bogosabooks.co.kr

ISBN 979-11-6587-309-7　93910
ⓒ 신해진, 2022

정가 14,000원